Le Bonheur selon Bouddha

Davina Delor

Le Bonheur selon Bouddha

Avec la participation d'Huguette Faure

MARABOUT

Du même auteur

Qi gong, santé parfaite, Éditions Dervy, 1993.
Vivre sans dépendance : retrouver force et confiance en soi, Éditions du Rocher, 1999.
Madhévi, le roman du corps, Éditions du Rocher, 2002.
Maxi yoga, Marabout, 2003.
Qi gong, Marabout, 2005.
Le Yoga de Davina : découvrez toute la richesse du yoga et de sa philosophie, Marabout, 2006.
Le Yoga des paresseuses, Marabout, 2008.
Chronique mensuelle « Corps-Esprit » pour le magazine *Rebelle-Santé*, depuis 2002.

« Je vous ai montré les chemins qui mènent
à la libération des souffrances,
mais la libération ne dépend que de vous. »

Bouddha Shakyamuni

Avant-propos
Permettez-moi de me présenter…

C'est la moindre des politesses lorsqu'on s'adresse à quelqu'un, surtout si on lui propose un discours de quelques centaines de pages.

Peut-être ne connaissez-vous pas Davina Delor, en effet. Mais si l'on vous dit « Davina » tout court, aussitôt ça fait tilt, ou plutôt « Tou tou tou you tou » ! Véronique et Davina, dans les années quatre-vingt : le rendez-vous télévisé du dimanche matin qui a mis toute la France à la « Gym Tonic ». Avec son entrain, sa gaieté, ses vêtements fluo, ses élèves de toutes conditions autour des deux professeurs et le téléspectateur, devant son poste, se démenant comme jamais son kiné n'aurait espéré qu'il le fît. On est loin de la position du lotus.

Alors bien sûr, en corollaire à cette réminiscence, une question se pose : à quel titre cette fille « branchée », cette promotrice de l'entraînement du corps vient-elle nous parler des bienfaits du bouddhisme sur notre cœur, notre esprit, nos souffrances et notre aspiration au bonheur ? Est-ce une conversion tardive ? Le besoin, que beaucoup ressentent à un moment de la vie, de lâcher du lest face aux difficultés de l'existence qui dévorent peu à peu l'énergie ? Quand et comment Davina Delor a-t-elle découvert les Enseignements du Bouddha ?

C'est tout simple : je suis née dedans.

Ma mère était égyptologue, mais aussi passionnée de religions et de philosophies asiatiques, l'hindouisme, le bouddhisme… En même temps, nous étions catholiques. J'ai donc reçu la double empreinte, ce qui n'est pas complètement incompatible. Évidemment, au début, j'ai un peu pataugé. En bonne petite pensionnaire chez les dames de Saint-Maur, je croyais en Dieu, alors que le bouddhisme est une voie non-théiste, disons sans dieu conceptuel. « Dieu n'est pas sentimental, me disait maman. Ni père Fouettard, ni consolateur, il ne t'attend pas un bâton à la main pour te taper sur les doigts si tu as commis une faute, il ne va pas non plus te prendre dans ses bras pour bercer tes rêves. Il n'existe pas comme les gens le croient, mais il est partout et en même temps nulle part. »

Curieusement, ça, je pouvais le comprendre. Je n'ai jamais eu de mal avec cette idée de l'insaisissable, de l'impalpable. Et les enseignements que me prodiguait ma mère m'aidaient à m'y sentir à l'aise. Autant vous dire toutefois que dans un tel climat studieux, je n'ai pas eu d'enfance goûters-petites camarades-jeux interdits, mais j'ai ressenti les bienfaits de cette éducation particulière dès qu'il a fallu affronter la vie. Et je l'ai vécue, cette vie ! Et j'en ai profité ! N'allez pas vous imaginer que je suis une illuminée de naissance, sans expérience humaine, ni que j'arrive dans ce livre assise en tailleur, une fleur blanche dans chaque main et la sagesse infuse !

C'est sans doute pour cela que mes maîtres m'ont autorisée à écrire ces pages. J'ai beau en effet avoir prononcé mes vœux, être aujourd'hui moine – ou plutôt « nonne » –, pour l'Éveil, l'accès à la conscience pure et à la liberté totale, il me faudra encore, je suppose, quelques renaissances galactiques. Mais justement, je suis encore si proche de notre condition, de notre terrible « inaptitude au bonheur » que je peux en parler de façon familière, terre à terre, et rendre peut-être ainsi service à ceux qui en pâtissent.

*

Ma mère, très férue d'arts en tout genre, a voulu que j'étudie la danse. J'ai fait le Conservatoire national de Paris de danse classique, le top en la matière. Puis j'ai rencontré Jean Babilée, cet elfe qui a révolutionné la chorégraphie. À quinze ans, j'ai demandé à mes parents de le suivre. Grimaces mais grande ouverture d'esprit : la dérogation me fut accordée. Et me voilà dansant pieds nus (une nouveauté à l'époque) à l'opéra de Rio, au festival d'Édimbourg devant la cour, tout en continuant mes études entre deux tournées, et sans m'éloigner de ma trajectoire spirituelle.

Et puis, c'était inévitable, un jour j'ai voulu me « libérer ». De l'influence de ma mère, de la rigidité des principes qu'elle m'inculquait, et sans doute, aussi, d'un drame assez insoutenable pour une jeune fille de dix-sept ans…

J'adorais mon père et c'était réciproque. Il m'appelait *Baïladora*, ma danseuse adorée. Mais ce brillant industriel avait une « double vie », comme on disait pudiquement alors. Cette « division » était pour moi assez difficile à concevoir mais je l'ai vécue sans traumatisme majeur, même si j'ai, d'emblée, choisi le camp de maman. Seulement un jour, alors que j'étais dans l'appartement que nous habitions rue de Passy, à Paris, mon père est monté au dernier étage de l'immeuble et il s'est jeté par la fenêtre. Comme par hasard – si tant est que le hasard existe –, j'ai ouvert la mienne à ce moment-là. Et j'ai vu son corps, inerte, en bas dans le jardin.

Ma mère m'a aidée à surmonter l'épreuve, à envisager l'avenir sous l'éclairage des lois du karma, et j'ai passé le cap. Avec douleur, certes, mais sans faire de dépression nerveuse ni avoir recours à un psy. Simplement, après, j'ai eu besoin de respirer.

Larguer les amarres, m'éclater. Découvrir les copains, les boîtes, faire ce que je considérais comme les pires bêtises : pas de drogue, pas d'alcool, juste des nuits blanches, quelques idées subversives et cinquante cigarettes par jour.

Cela n'a pas duré longtemps. Tout ce que j'avais appris me trottait dans la tête. « Qu'est-ce que je suis en train de faire à mon corps ? Mon corps physique mais aussi mon corps subtil, les plans profonds de mon être, mon "âme" ? » Il peut paraître excessif de penser que fumer, par exemple, vous coupe de ce qu'on appelle l'âme, chez les chrétiens, mais vous imaginez-vous priant le Seigneur en tirant sur votre mégot ? Du jour au lendemain, j'ai renoncé à la cigarette, aux soirées débridées dont j'avais uniquement apprécié, au fond, la provocation qu'elles impliquaient pour moi, et je suis revenue, plus mature, à mes aspirations profondes.

*

Très tôt, j'ai eu envie de m'occuper des personnes en difficulté, ou pour le moins en quête de mieux-être. Ma mère rêvait de me voir danseuse étoile. Non seulement je n'étais pas sûre d'avoir assez de talent pour y parvenir, mais je n'en avais pas vraiment envie. J'ai préféré enseigner la danse. Et pas à de futurs professionnels, simplement à des gens que cette activité sortirait de leurs soucis quotidiens, tout en faisant évoluer leur corps dans une certaine harmonie.

En même temps, je m'intéressais beaucoup à ce corps, notre habitation et notre véhicule, dont la souffrance entrave la possibilité de réaliser nos projets. Alors j'ai étudié la médecine traditionnelle chinoise. Cela ne m'éloignait guère de la conception bouddhiste. La médecine chinoise, au-delà du symptôme et de la maladie qui suscite la souffrance, en cherche l'origine profonde, ou les multiples origines, selon la personnalité du patient. Exactement comme le bouddhisme, loin de s'arrêter aux faits que nous incriminons comme étant les causes de notre malheur, va chercher au-delà, dans notre façon de gérer nos émotions, comment nous amplifions le ressenti de ce malheur, et le pourquoi de ce qui nous arrive.

Quinze ans d'études, donc, avec d'éminents professeurs. Et une thèse à la clé, qui ne me permettait pourtant pas d'exercer puisque je n'avais pas fait les sept ans de médecine française requis pour ouvrir un cabinet. Cependant, à la faculté, les professeurs Weil et Irampour ont lu cette thèse et m'ont orientée vers des psychopathologies bien ciblées : les dépendances aux toxiques, en particulier l'alcool. Je suis ressortie de ce nouveau cycle avec le diplôme d'alcoologie et de toxicomanie de l'unité de formation et de recherche de santé, médecine et biologie humaine de l'université Paris XIII. Encore aujourd'hui, cela me permet de soulager bien des détresses. Parce que lorsqu'on est dans l'addiction, la dépression, toutes les maladies de l'esprit, on ne survole pas la souffrance, je peux vous le dire, on aborde la nature humaine dans ce qu'elle peut développer de plus douloureux !

*

Ces études ne m'empêchaient pas de continuer à danser... À donner des cours de gym, de danse, de yoga et de qi gong, une discipline fortement conseillée par les thérapeutes chinois. Je n'ai aucune peine à répartir mon temps dans des domaines différents. C'est une question de concentration : un apport primordial de l'Enseignement du Bouddha.

Parmi mes élèves, un jour, je repère une fille particulièrement douée, alors assistante de Mireille Darc et d'Alain Delon. Véronique a une grande présence scénique et un indéniable talent. Bientôt, je lui propose de créer avec moi un cours qui soit un mélange de danse classique, de danse moderne et de gym, et qui évolue comme un vrai spectacle. Elle accepte avec enthousiasme. Nous louons un studio au centre artistique de Passy. Au début, nous avons pour clients le mari de Véronique, son frère, et deux de mes amis. Trois mois plus tard, on affiche complet, sans publicité, juste grâce au bouche-à-oreille. Et la machine se met en route ! Le magazine *Vital*, alerté par ce qu'on dit de ce cours si original – du nouveau, de la joie de vivre, des rythmes modernes, des collants colorés, carrément folklos –, vient voir ce qui se passe. Résultat : quatorze pages dans le journal, qui atterrissent à la télévision, sur le bureau de Pascale Breugnot, alors directrice des magazines sur Antenne 2. Pascale revient des États-Unis et du Canada où sévit une mode appelée aérobic, pas très éloignée de notre concept. Elle vient assister à un cours, en repart enchantée et nous propose de tourner un pilote. Mais sans nos accoutrements bariolés.

« Je vous veux en collants noirs, avec un piano et surtout pas vos musiques ! »

Remettre de vieux atours de danseuses classiques sur des mélodies d'outre-tombe ? Pas question. Nous refusons.

« Mais vous êtes folles ! s'écrie Pascale. Je n'ai jamais vu personne refuser une émission de télévision ! Il faut qu'on aille voir Pierre Desgraupes… »

Finalement, Desgraupes dit à Pascale Breugnot : « Laissez-les donc faire, après tout, c'est juste un pilote… »

Ils ont passé le pilote un dimanche matin : un raz-de-marée. Les téléspectateurs ont écrit, téléphoné, demandé la suite. Le pilote est devenu numéro un, et ça a duré sept ans. On apostrophait les gens chez eux : « Attention, je vous vois, vous ne devez pas décoller les talons ! » C'est ça qui a marché : la communication joyeuse. En plus, parmi nos élèves sur le plateau, il y avait des jeunes, des moins jeunes, des gros, des maigres… Nous deux, même gracieuses, n'étant pas non plus des Miss Monde, tout le monde pouvait s'identifier.

Certes, nous avons aussi reçu des tonnes de critiques. On nous a accusées de traumatiser les colonnes vertébrales et de faire la fortune des ostéopathes. Il nous semblait pourtant évident de devoir s'abstenir en cas de dos fragile, de muscles jamais sollicités ou d'âge trop avancé, mais le public était comme fou, entraîné par la bonne humeur de ces matinées si libératrices et du reste, parmi nos élèves, nous n'avons jamais relevé de pathologies liées à notre entraînement.

À part ça, ce n'étaient que louanges, popularité, cadeaux et grands hôtels quand, après Antenne 2, nous nous sommes produites un peu partout ailleurs. Très extravertie, mondaine, le contraire de moi, Véronique était enchantée. Moi j'appréciais mais je devinais le piège : un jour, forcément, tout cela s'arrêterait et je ne voulais pas que ce tourbillon me manque. Je continuais donc mes études de médecine chinoise, je recevais mes patients, je poursuivais ma quête spirituelle, et ma vie de femme.

Car bien sûr j'ai eu une vie de femme. Amoureuse, maternelle, tumultueuse. Des coups de cœur magnifiques mais aussi des coups au cœur, terribles, dramatiques. Un mariage catastrophe qui s'est terminé par un divorce retentissant, et surtout un fils, mort à l'âge de vingt ans d'une rupture d'anévrisme. Le suicide d'un père et la mort d'un enfant… J'ai connu ces souffrances ultimes, qu'il faut pourtant bien transcender si nous voulons poursuivre notre parcours sur terre. Elles m'ont fait mesurer à quel point nous pouvions, quand nous sommes épargnés par ce genre de tragédies, exagérer l'impact de nos autres douleurs d'existence. Toutes respectables, certes, mais auxquelles nous donnons trop de force, les laissant ainsi déstabiliser nos vies.

*

Évidemment, tout au long de ces années, les Enseignements du Bouddha me furent d'un grand secours. Ils m'ont permis de me méfier des apparences et des mondanités, et d'aller au-delà du malheur. Je m'en imprégnais, mais je n'avais pas encore de maître. J'ai d'ailleurs été longtemps persuadée que notre premier maître, c'était nous-même. C'est en partie vrai : il y a en chacun de nous une nature « pure » qui sait. Où est notre bien, où rôde le mal, ce que nous devons faire et ne pas faire. Encore faut-il entendre ses conseils, assourdis que nous sommes par le tintamarre de nos émotions, notre propension aux pensées négatives, nos pulsions. Une aide extérieure peut se révéler nécessaire, surtout si l'on veut poursuivre le chemin, et atteindre le bonheur au sens bouddhiste du terme. Et là, nous avons besoin d'être guidés.

Un jour, j'ai ressenti ce besoin. Je ne pouvais pas prétendre avancer dans cette démarche sans me référer à l'une de ces incarnations supérieures qui nous montrent la voie, non seulement par le discours et l'exemple, mais aussi sur un plan relationnel qui ne relève ni de l'esprit ni du mental, mais de la nature « pure », justement : celle qui nous met en harmonie avec l'énergie de l'univers, et nous fait prendre conscience à la fois de notre petitesse, de notre importance et de notre éternité.

J'étais prête. Or « quand l'élève est prêt, le maître apparaît », dit un vieil adage.

C'est vers Sa Sainteté le Dalaï-Lama que ma quête s'est tournée. J'ai lu ses livres, suivi ses enseignements, et je l'ai rencontré.

Lorsqu'on rencontre des êtres de cette dimension, disent les anciens, si quelque chose doit se faire, cette chose se fait.

Et effectivement, « ça » s'est fait. J'ai compris que je voulais vraiment, à ce stade de ma vie, prendre mes vœux monastiques. Autour de moi, ce fut une levée de boucliers. « Elle est devenue folle ! » Je me sentais au contraire très équilibrée. « Abandonner toute vie mondaine ? » Il y avait longtemps que je n'en avais plus et je me méfiais, je l'ai dit, des paillettes. « Tu es encore jeune, tu peux refaire ta vie… » Je ne voulais pas refaire ma vie, je voulais l'accomplir.

J'ai donc perdu beaucoup d'amis, et j'ai commencé ma préparation monastique. Puis j'ai présenté ma demande à mes supérieurs et ils l'ont acceptée. J'ai pris mes premiers vœux et reçu la robe du Bouddha, mais pendant cette période probatoire, je pouvais encore faire marche arrière. Je n'en ai pas éprouvé l'envie. J'ai pris mes deuxièmes vœux, la deuxième ordination, le véritable engagement, au monastère de Golok, dans le Tibet oriental, à quatre mille cinq cents mètres d'altitude. Inoubliable… Ce monastère, perché dans l'Himalaya, a été construit par Lama Tsong-Khapa, qui a réformé le bouddhisme tibétain au XIVe siècle et créé l'ordre des Gelugpa, l'ordre des dalaï-lamas, auquel j'appartiens.

J'ai renoncé à la parure, au maquillage, aux bijoux, et bien entendu à toute tentative de séduction puisque dans notre ordre, on fait vœu de chasteté. J'avais un sublime appartement rue Desbordes-Valmore, à Paris, avec terrasse et jardin suspendu, bureau sous verrière : je l'ai vendu pour m'installer dans un cinquante mètres carrés non loin de là, largement suffisant pour mes méditations, mes prières, les articles et les ouvrages « pratiques » que j'écris, et la préparation de mes cours.

Il n'existe pas, en France, de monastère pour les femmes. Je n'étais donc pas prise en charge au quotidien par une communauté, et je devais subvenir à mes besoins. J'ai demandé s'il était possible de continuer de donner mes cours et de recevoir des patients en tant que psychothérapeute. On m'a répondu que si ma conduite intérieure restait en adéquation avec les vœux que j'avais prononcés, il n'y avait aucun inconvénient à cela, au contraire : en restant dans la vie active, je serais plus utile aux autres. Lors de mes activités extérieures, bien sûr, je me présente toujours habillée « en civil », réservant ma robe de moine aux prières, cérémonies officielles, enseignements et rencontres avec les grands maîtres.

J'avais aussi dans le Poitou une jolie maison du XVIIIe siècle, avec parc, piscine et tout le tralala. Je me suis dit qu'il n'y avait plus lieu d'y organiser des week-ends de farniente : je l'ai offerte au Bouddha et j'ai entrepris des travaux pour en faire le centre monastique de Chökhor Ling, créé en 2006 avec un moine tibétain, docteur en philosophie bouddhiste, le Vénérable Geshé Thupten Khédroup, et avec la Vénérable Gelek Chödzom, une nonne comme moi, Anila Gelek Drölkar, mon nom d'ordination.

Dans ce monastère, des moines, des nonnes et des laïcs viennent en retraite, et deux fois par mois le public peut suivre les Enseignements, pratiquer la méditation et se familiariser avec une philosophie dont il faut oublier l'aspect « phénomène de mode » si l'on veut en ressentir vraiment les bienfaits. Lors de sessions spéciales, on peut rencontrer à Chökhor Ling de très grands maîtres, recevoir leur bénédiction et entendre la parole du Bouddha.

Pendant plusieurs années, travaillant à Paris, je me suis rendue là-bas chaque week-end, et plus longtemps lors des visites des grands lamas, en particulier durant l'été. De retour à Paris, je reprenais un emploi du temps très réglé : de 9 heures du matin à 14 h 30, cours de yoga, danse classique, qi gong et méditation dans les salles de sport Vit'Halles, puis je revenais chez moi, je déjeunais sobrement, et place aux prières, aux pratiques et à l'étude des textes sacrés. Sans oublier une heure de méditation avant de commencer la journée, et le soir avant le sommeil. Dans un monastère, je n'aurais pas fait autre chose : une part de travaux utiles à la communauté, une autre part réservée à l'exercice de la religion.

Au fil du temps, toutefois, l'aspiration à mener une vie quotidienne exclusivement réservée aux questions spirituelles a fait son chemin. Et en juin 2010, la décision s'est imposée à moi comme une révélation : j'allais me retirer du monde. Pas comme une sainte, ni comme une ermite, mon niveau de progression n'en est pas encore là, mais j'allais suivre la seule voie qui m'enchante, celle que le Bouddha a tracée pour nous.

Consciente d'être détentrice d'un trésor plus précieux que tout, incarné par mes vœux monastiques, je n'aspire plus désormais qu'à protéger sa pureté. Pour cela, je sais que je ne dois pas trop m'exposer aux tentations et leurres d'une existence ordinaire. J'ai choisi un chemin, le passage sur terre est court, il me faut aller au bout de mes engagements.

Tout s'est fait très vite. J'ai vendu mon joli petit appartement parisien, vidé mes placards de leurs encombrements, mis fin à mes activités professionnelles et dit au revoir à mes amis pour venir m'installer définitivement à Chökhor Ling, dans le recueillement et la paix.

À l'aube de l'année 2012, j'ai obtenu la permission de recevoir ma troisième ordination, celle qui fait de moi aujourd'hui, et pour toujours, une *Bhikshuni* dans les vœux supérieurs des enfants du Bouddha. Le centre monastique continue d'ouvrir ses portes à des groupes de personnes désireuses d'écouter la parole sacrée du Bouddha et des maîtres. Nous pratiquons la méditation, nous nous réunissons pour des retraites spirituelles. La joie règne en ce lieu parce que la confiance et la reconnaissance ne quittent jamais nos cœurs. En dehors de ces rendez-vous, je me consacre à la prière, à l'étude et à la pratique personnelle. Lorsque vient le temps d'effectuer une retraite solitaire, les portes du temple se ferment et nul accès n'est autorisé au monde extérieur. Pas de visites, pas de téléphone, pas de mails, ni radio ni télévision. Au cours de cette période d'un mois minimum, je suis un programme très précis d'études et surtout de méditation, une expérience qui se révèle chaque fois unique et merveilleuse.

Dans la plénitude d'une vie retirée, je n'oublie pas que le but de tout engagement spirituel est de faire de son existence une utilité concourant au bénéfice de tous les êtres. En matière de communication, j'accorde la priorité à l'authenticité et reste résolument tournée vers l'ouverture et le partage. Et c'est pourquoi, aussi, j'ai accepté d'écrire ce livre.

*

Entre-temps en effet, vers la fin 2009, alors que mes semaines étaient déjà bien remplies, Michel Lafon, que je connais depuis longtemps, m'a proposé de réfléchir à un ouvrage sur mon expérience bouddhiste. Je lui ai fait remarquer qu'il existait des centaines de publications, rédigées par des maîtres réputés, bien plus érudits, et bien plus avancés que moi sur le chemin. Il m'a rétorqué qu'il n'était pas question de faire une œuvre savante, mais de proposer au lecteur les moyens que prodigue le Bouddha pour atteindre le bonheur, ou au moins un mieux-être. Là, j'ai été tentée…

Bien sûr, avant de me décider, j'ai demandé l'autorisation de mes supérieurs monastiques. Ceux-ci m'ont répondu que, comme pour le reste, si mes intentions étaient pures, sans désir de notoriété, sans ambition égoïste, il n'y avait pas de problème. Cela pourrait même rendre service à des gens en détresse ou simplement mal dans leur vie, sans compter tous les autres que le sujet pourrait intéresser. Cette éventualité a balayé mes dernières hésitations.

DAVINA DELOR, dite GELEK DRÔLKAR.

Proposition
Et si l'on s'occupait de moins souffrir ?

Bien sûr, il serait plus séduisant de proposer d'emblée de s'occuper d'être heureux. Mais l'idée du bonheur étant subjective, et le bonheur selon les valeurs bouddhistes se révélant assez différent de tout ce dont nous rêvons, mieux vaut commencer par une lapalissade : être heureux, c'est d'abord n'être pas malheureux. Ne pas souffrir. Or pour ce qui est de la souffrance, on est quand même gâtés, dans cette vie ! On commence, pour naître, par se frayer un chemin dans une galerie de spéléologue alors qu'il nous faudrait les Champs-Élysées, quoi d'étonnant à ce qu'on hurle ? Parce que ce n'est pas drôle, la naissance, pour l'intéressé ! Même si le giron et le sein maternel vous ramènent vite dans la douceur de votre premier nid, vous voilà aux prises avec les gargouillis de votre condition humaine qui de nouveau vous arrachent des larmes. Et à peine vous êtes-vous habitué à votre régime lacté, on vous sevre : nouvelles difficultés, mais vous devenez un grand. Enfin, un garçon, une fille, un ado qui soudain ne supporte plus ces papa-maman aux petits soins, ni leur espionnite lamentable. Cela vous irrite, vous ne vous sentez pas bien. La découverte de votre nouveau corps vous angoisse, celle de la société vous révolte, les parents n'y comprennent rien, ils parlent de crise passagère : vous, vous avez simplement mal. Et ce n'est que le début des offenses ! Viendront bientôt les chagrins d'amour, ces « trahisons » ; l'inquiétude d'être parent à son tour, tâche ingrate pour des ingrats ; les difficultés matérielles, ce lourd tribut payé à l'existence ; les accidents et maladies, ces coups bas du destin ; et enfin la vieillesse, ce naufrage, le tout se terminant par la mort. Quel programme !

Heureusement, en contrepartie, vous vivez aussi des moments extraordinaires. La découverte de vos possibilités, des beautés de la nature, d'une vocation peut-être, du succès – parfois – dans vos entreprises. Les ivresses du sentiment amoureux, l'indicible joie de la naissance d'un bébé, le bain de jouvence que vous procurent vos petits-enfants, l'enthousiasme où vous transportent la musique, les arts, la satisfaction du travail bien fait.

Mais tout cela est remis en cause à chaque mauvaise surprise du sort, que vous accueillez aussitôt comme une calamité. Mais si ! Réfléchissez… Ne vous est-il jamais arrivé de confier à un ami : « Quand je pense à quel point cette rupture m'a rendu malade ! », alors que finalement, vous la jugez maintenant bénéfique et prometteuse de meilleures rencontres ? Et combien de fois avez-vous dit, à propos d'une querelle avec un collègue ou un supérieur, l'après-midi, au bureau : « Ça m'a gâché ma soirée », alors que tout avait été prévu pour vous offrir un dîner chaleureux où vos proches voulaient vous témoigner leur attachement…

Parce que, selon nous, notre mauvaise humeur, nos égarements, nos révoltes inconsidérées, nos erreurs, c'est toujours la faute des autres.

« Quand vous avez passé vos premières années avec des parents qui se battaient, une mère inconséquente et un père qui a fini par fuir, il est assez normal d'avoir une jeunesse perturbée, voire une certaine inaptitude au bonheur ! » ronchonne ma chère Huguette, ma directrice d'ouvrage, que j'ai embarquée dans cette aventure.

Eh bien non, Huguette ! Ça, c'est un langage de psy ! Toujours nous trouver des excuses… Cela peut faire du bien, sûrement, mais ce n'est pas la solution. Le bouddhisme montre clairement la source de nos souffrances, tout en nous donnant les moyens de ne pas trop pâtir de leurs effets.

Le bouddhisme n'est pas une philosophie de culpabilité, mais de responsabilité.

Quelles que soient les cartes distribuées au départ, vous êtes maître du jeu, responsable de la façon dont vous le menez. Si vous n'êtes pas né avec une cuiller en argent dans la bouche, à vous de faire avec des couverts en inox. « Si tu ne peux pas changer le monde, tu peux te changer, toi… »

Tant il est vrai que la souffrance, qui vient souvent de l'extérieur mais que nous savons mal relativiser, prend à cause de nous des dimensions exorbitantes et finit par nous aveugler au point que nous ne voyons plus, à l'horizon, la moindre lueur d'espoir. Or si vous attendez, pour être heureux, que vos affaires prospèrent sans difficulté, que votre mariage soit une félicité sans nuages, que votre fille réussisse ses examens, que l'on vous épargne les ennuis de l'âge et, pourquoi pas, que l'on vous assure la vie éternelle ici-bas, vous ne pourrez jamais approcher le bonheur. La souffrance est partout, sans doute, mais peut-être est-il possible de l'apprivoiser, de la rendre moins prégnante, moins destructrice…

C'est bien pour cela que le Bouddha en a fait l'essentiel de sa quête.

*

Lorsqu'il est sorti de sa ville-palais, le prince Siddharta n'a pas rencontré Dieu, mais la souffrance humaine. Et il n'en est pas revenu. Au double sens du terme : surpris et atterré, il n'a pas souhaité retourner dans la citadelle où son père l'avait préservé de tous les aspects négatifs de la vie, espérant ainsi éviter que se réalise la prédiction selon laquelle cet enfant pourrait un jour devenir un être spirituel d'exception. Le père ne voulait pas de cette « sainteté » : il voulait faire de son fils un grand roi, chef des combattants et phare de sa lignée, le clan des Shakya.

Au palais, le jeune prince avait connu tous les plaisirs : le luxe des décors et costumes, les meilleurs mets, les plus subtiles réjouissances, les plus belles femmes. À seize ans, on l'avait marié et il avait eu un fils.

Mais la jeunesse est curieuse. Le prince savait qu'il y avait des limites au palais, et une vie à l'extérieur. Il s'est arrangé pour sortir. Et au cours de ses sorties, il a vu la souffrance des hommes sous ses principaux aspects : la naissance, la maladie, la vieillesse et la mort. Il a aussi vu la colère, le chagrin, la violence, la peur… Un jour pourtant, au milieu de la misère ambiante, il aperçut un groupe de moines qui s'égaillaient comme un vol d'oiseaux, insouciants et le sourire aux lèvres. Les religieux étaient vêtus d'un simple bout d'étoffe, ils mendiaient, certains étaient vieux, d'autres peut-être malades, et ils souriaient quand même. Siddharta en conclut que, si la souffrance existait bel et bien, il devait y avoir un envers – ou plutôt un endroit – à cette terrible affliction. Un « bonheur » possible ?

Il a quitté les siens, coupé ses longs cheveux, abandonné ses beaux vêtements et il est parti sur les routes, mendiant, méditant pendant de longues heures sur les tourments humains, et parlant aux gens dans les rues, comme les prophètes le faisaient alors. Après une longue période d'ascèse suivie d'une non moins longue période de méditation sous l'arbre de la Bodhi, il connut l'illumination, l'Éveil de l'esprit.

Et c'est ainsi qu'un jour, au parc des Gazelles, à côté de Bénarès, il exposa à ses disciples *Les Quatre Nobles Vérités*.

- La Noble Vérité de la Souffrance
- La Noble Vérité des Origines de la Souffrance
- La Noble Vérité de la Cessation de la Souffrance
- La Noble Vérité de la Voie

J'ai humblement choisi de suivre ce chemin pour écrire ce livre. Admettre l'existence de la souffrance et en connaître les origines, pour en comprendre les ressorts, comme il est nécessaire de connaître une maladie pour mieux lutter contre elle. Puis accepter la bonne nouvelle : cette souffrance peut cesser, au moins en partie, pour la plupart d'entre nous.

Mais le bouddhisme n'étant pas un cachet d'aspirine, c'est un bel effort qu'il nous faudra soutenir si nous voulons atténuer notre vulnérabilité au malheur. Seulement le résultat sera à la hauteur de notre obstination : en suivant cette voie, nous pourrons accéder, sinon au nirvana, au moins au bonheur vu non pas comme la joie éternelle, mais comme une « manière d'être », une façon de moins souffrir et d'apprécier l'existence.

Et peut-être beaucoup plus.

Évidemment, ensuite, les Enseignements vont plus loin. On ne parvient pas du jour au lendemain à « la conscience de l'Être », à la notion de « vacuité », et à la délivrance totale de toute espèce de douleur. Le Bouddha a parlé de cette route de l'Éveil, après le parc des Gazelles, au pic des Vautours à Rajgir, en ayant conscience, néanmoins, que ce n'était pas à la portée de tous. Nous allons donc y aller doucement, par paliers…

« Il y a intérêt ! s'écrie Huguette. Parce que si vous commencez par nous dire que pour atteindre le bonheur, il faut se retrouver en lambeaux, accroupi dans une cabane sur la montagne et une sébile à la main, on va tous refermer le livre ! »

Encore une idée reçue… Certes, il existe parmi les émules de Bouddha des ermites libérés de tout attachement aux choses matérielles, pauvres, l'esprit ouvert, affables, compatissants, généreux et heureux, comme bien d'autres grands mystiques dans d'autres religions. Mais on ne nous demande pas d'en arriver là ! D'ailleurs nous en serions incapables.

Le Bouddha, au contraire, prône la « voie du milieu » : pas de mortifications excessives, ni surtout hâtives, juste un peu de sagesse pour que la privation soudaine de certains privilèges – la santé, la richesse, le confort, la jeunesse, le succès – ne nous plonge pas dans un abîme de désespérance outrancière.

Non, le bouddhisme n'implique pas pour vous de renoncer aux plaisirs de la vie !

Vous pouvez savourer l'existence, boire de bons vins, faire l'amour, vouloir mener à bien un projet de carrière… mais à condition de vous comporter de façon à ne pas créer de boomerang par un manque d'équilibre ou par de mauvaises intentions. Un gourmet pourra goûter longtemps les plaisirs de la chère, un gourmand s'en verra privé par excès de cholestérol. Un chef d'entreprise soucieux de ses employés mettra toutes les chances de son côté, un esclavagiste, un jour, s'étonnera qu'on ait mis le feu à son usine. Et ce ne sont là que des exemples grossiers : vous verrez que dans tous les domaines, et de façon plus fine, nos émotions primaires, réactions et comportements peuvent être générateurs de bien-être ou de mal-être, de bonheur ou de malheur.

Il ne s'agit pas de devenir des apprentis saints, il s'agit d'écouter – en l'occurrence ici par le truchement de ce livre – quelques Enseignements du Bouddha. Mais écouter correctement, en se référant au symbole bouddhiste des « quatre pots ». Quatre sortes de pots pour quatre sortes d'écoutes.

Il y a le « pot retourné », sur lequel les informations vont glisser sans pouvoir y pénétrer, forcément. Il y a le « pot percé », qui entend mais ne retient pas, parce que son écoute est partielle, distraite. Il y a le « pot sale », qui reçoit le discours mais qui est tellement encombré par ses perturbations mentales qu'il refuse, rejette toute idée susceptible de déranger ses habitudes et ses convictions. Et puis il y a le pot, tout simple, qui joue son rôle de pot, se remplit de ce qu'on lui offre en pensant : « Ce qu'on me dit là, je ne sais pas si c'est vrai, mais j'en prends note. Après, j'aviserai. »

Le bouddhisme vous conseille de faire le pot tout simple. Ensuite, vous réfléchirez à ce que son contenu propose. Et enfin, si cela ne vous rebute pas, vous pourrez mettre ces conseils en expérience. C'est à peu près ainsi que le Bouddha s'adressait à ses disciples : « Ne croyez pas aveuglément ce que je vous raconte. Pensez-y et mettez ces enseignements en pratique. Vous verrez bien si ça vous réussit ou non. »

On essaie ?

I

La Noble Vérité de la souffrance

Identifier le mal pour mieux s'en libérer

La première démarche qui s'impose est d'admettre que la souffrance fait partie de notre trajectoire terrestre, et d'en considérer les principaux aspects.

« On ne pourrait pas commencer plus gaiement ? ronchonne ma directrice littéraire. Introduire tout de suite quelques exemples de victoire sur cette maudite souffrance, quelques recettes, une lueur d'espoir… Le lecteur moderne est très impatient, vous savez… »

Eh bien tant pis pour lui. Ce livre n'est pas un manuel de self-help. Certes, les ouvrages de mieux-vivre se révèlent souvent pertinents pour les tracas du quotidien. Quand John Gray, dans *Les Hommes viennent de Mars, les femmes viennent de Vénus*, explique que les deux sexes ne se ressemblent pas, qu'il faut laisser le Martien tranquille quand il a des soucis et permettre au contraire à Vénus de s'exprimer longuement, il fait œuvre utile en matière de bonne entente conjugale. Mais qu'arrive-t-il quand Mars et Vénus sont en proie à leur orgueil bafoué, leurs échecs, leur insatisfaction générale et leurs doutes existentiels ? Ce genre de tourment ne s'avoue pas facilement. À chacun sa souffrance, et à chacun de la soigner. La philosophie bouddhiste peut vous y aider mais je le répète, ce n'est pas un cachet d'aspirine. Et ces douleurs-là ne se calment pas à coups de « recettes », mais peuvent s'amenuiser grâce à un long travail sur soi. Or ce travail commence par un enseignement du Bouddha : « La première chose à faire est de comprendre ce qu'est la souffrance. Avant d'avaler un médicament, connaissez votre maladie. »

« Mais on la connaît ! s'écrie Huguette. Les deuils, les accidents, les ennuis de santé, la ruine, la vieillesse et la mort, on sait tout cela. »

C'est faux ! On croit peut-être tout savoir de la souffrance, mais on ne l'admet pas pour soi. On se programme instinctivement comme si elle n'arrivait qu'aux autres. Ou alors on a conscience qu'elle pourrait bien nous concerner, mais on ne veut pas penser aux évidences qui fâchent. Perdre son amour ou son métier est possible, se voir diminuer avec l'âge est presque certain, quant à mourir… Courage, fuyons !

Vous pouvez fuir, en effet. Ils sont si nombreux à le faire. Si enclins à se réfugier dans la confusion des mots inutiles, dans la fête, l'alcool ou simplement les jeux vidéo, mais aussi dans la suractivité, le « Je suis débordé, pas le temps de réfléchir à autre chose ». Je ne parle pas ici des nuits blanches du chercheur à l'affût de sa découverte, du peintre en quête de la couleur dont il rêve, de Mère Teresa ou de l'abbé Pierre oubliant leur fatigue pour venir en aide aux démunis : ça, c'est l'élan de la passion, pas une fuite. Je parle de tous ceux qui font en sorte de ne pas avoir une minute *à eux* (l'expression est révélatrice) pour évaluer à sa juste mesure ce qui leur fait si peur.

Ceux-là, mine de rien, souffrent encore plus que les autres. Les masques retirés, la sueur du mal le prouve, qui a ruiné le maquillage. Si seulement ils se disaient un jour : « Pourquoi ne pas accepter d'étudier ma façon de voir chaque situation ? Au fond, ce que je vis n'est peut-être pas si terrible. Et puis si j'arrêtais de ne contempler que le versant à l'ombre de mon existence, je pourrais peut-être aller voir du côté du soleil. »

« Il y a quand même des drames pas très ensoleillés, rétorque mon avocate soudain commise d'office au droit des humains à souffrir. »

Oui, mais il y a aussi des personnes gravement affligées qui luttent, surmontent l'épreuve, se rendent utiles aux autres et affrontent les coups du sort avec le sourire. Et puis il y a ceux qui font d'une ornière une crevasse et finissent par se croire engloutis.

« Vous avez raison, admet Huguette. Il y a des gens qui souffrent au-delà du raisonnable. »

Non. Il n'y a pas « des gens qui ». Presque tous, nous souffrons au-dessus de nos moyens. Et c'est de cela qu'il faut s'occuper.

En commençant, ne vous déplaise, par un petit inventaire.

I

Souffrances de vie et souffrances d'existence

Ce sont toutes celles que le Bouddha a pu rencontrer et répertorier au cours de sa longue ascension vers l'Éveil, en observant les êtres humains alentour. Bien sûr, il ne les a pas présentées sous le titre que porte ce chapitre mais cet ouvrage n'est pas un livre d'Enseignements – j'aurais beaucoup d'outrecuidance à le prétendre –, c'est une réflexion à la portée de tous sur la façon dont le bouddhisme peut nous aider à être moins malheureux. Il me faut donc un peu simplifier. Maintenant, si vous voulez aller plus avant dans la recherche, ne vous en privez pas : des années de lecture et de méditation vous attendent, tout comme moi.

Ce que j'appelle donc les souffrances de vie sont celles qui guettent inéluctablement – avec plus ou moins d'intensité – toute personne venue au monde. Cela ne signifie pas qu'on ne saurait les soulager, tout dépend de la façon dont on les considère. Les souffrances d'existence, elles, concernent le chemin de chacun, les embûches qui le sèment, et auxquelles on réagit très mal, alors qu'elles ne sont pas essentielles et pourraient être largement atténuées.

Les souffrances inhérentes à la vie

Ce sont évidemment la naissance, la maladie, la vieillesse et la mort.

La naissance : une joie ?

Pour les parents, oui. Pour le bébé, c'est un peu différent. Oublions les sanglots provoqués par le changement de milieu : on est si bien dans le ventre de sa mère, même si on lui donne des coups de pied. Mais ce n'est pas le plus important. Le plus pénible, c'est le désarroi de cette boule d'énergie qui a perduré au-delà de la mort et qui doit, une fois de plus, reprendre forme humaine et poursuivre le cycle du *samsara*, cette succession de renaissances qui nous replongent dans la souffrance vraie.

« Ah mais ça, ça ne va plus du tout », se lamente Huguette, effondrée.

Comment, ça ne va plus ?

« Vous m'avez dit l'autre jour que ce livre pouvait servir à tous, catholiques, protestants, musulmans, juifs ou athées. Le Dalaï-Lama lui-même précise qu'il n'est pas nécessaire d'abandonner sa propre appartenance religieuse pour profiter de la philosophie bouddhiste. Or là, il n'est plus question de philosopher : la croyance en la "réincarnation" est un dogme, au même titre que la vie éternelle et la résurrection de la chair. Alors ? Le bouddhisme est-il une religion, ou une philosophie ? »

Les deux.

Le bouddhisme : religion ou philosophie ?

C'est une religion pour ceux qui s'engagent dans les vœux monastiques et observent les pratiques du culte : suivre les indications du Bouddha pour tracer son chemin, méditer jusqu'à parvenir à la conscience profonde de l'Être, accomplir les rituels qui, comme dans toute autre confession – à partir de paroles ou de gestes formels – permettent d'aller au fond de sa foi et d'élever son esprit. Mais vous n'avez pas besoin d'adhérer à cette religion pour mettre à profit la « philosophie » des Enseignements du Bouddha, dont la première préoccupation, sur le chemin du bonheur, fut de faire cesser notre mal de vivre.

Donc si vous ne croyez pas au *samsara*, peu importe, encore que nous en reparlerons à propos du karma et que là, vous vous poserez peut-être des questions. Quoi qu'il en soit, refuser le cycle des renaissances ne vous empêchera pas de découvrir au fil de ce texte les raisons qui vous éloignent du mieux-être.

De toute façon, cette idée de ne pas complètement disparaître après sa mort est quand même largement partagée par les habitants de notre planète, hormis les athées, même si beaucoup d'entre eux se déclarent finalement plutôt agnostiques : ils estiment que ces choses dépassent les limites de l'entendement humain, donc ils avouent ne pas savoir.

Les bouddhistes, pour leur part, ne croient pas à la résurrection de la chair (dans quel état ?), ni au jugement d'un dieu qui accueillerait les uns à sa droite et enverrait les autres au purgatoire ou en enfer. Les disciples du Bouddha pensent que tout est définitivement périssable, notre corps, nos biens, nos relations amoureuses et amicales, et même nos œuvres. Que restera-t-il de Molière si la Terre disparaît ? Tout est donc périssable *sauf* ce qui fait notre nature intrinsèque, matérialisée, si l'on peut dire, par cet élan vital, ce courant de conscience, ce corps d'énergie qui, lui, perdure – car l'énergie ne se détériore pas – et qui garde en mémoire – au sens scientifique de l'expression – nos pensées et nos actes. Celui-là va renaître et renaître encore, pendant des temps incalculables… Mais n'anticipons pas : quand nous aborderons le karma, nous pourrons mieux expliquer cette théorie.

Pour l'instant, revenons à notre vie actuelle, et à nos souffrances.

La maladie : nous sommes tous plus ou moins vulnérables

Rares sont ceux qui n'ont jamais été malades et ne le seront jamais. Nous verrons d'ailleurs plus loin que le mental peut avoir une réelle influence sur l'apparition de tel ou tel dysfonctionnement physique. Mais quand je parle de vulnérabilité, c'est à propos de la façon différente dont les êtres réagissent aux affections qui les atteignent. Or le comportement joue un rôle primordial dans le soulagement de ces maux.

*

« À part la morphine, je ne vois pas comment, pour l'instant, on pourrait atténuer les souffrances d'un cancer généralisé », hasarde ma confidente.

Quand vous dites cela, Huguette, vous pensez que pour éliminer la souffrance, il faut qu'il n'y ait plus de cancer. Moi, je parle de diminuer ce que Bouddha appelle « la souffrance de la souffrance », c'est-à-dire la façon dont on vit son mal. Celle qui va soit apaiser la douleur, en l'acceptant, je dirais en l'apprivoisant (la méditation peut beaucoup agir dans ce domaine), soit au contraire vous focaliser sur cette douleur au point de la rendre intolérable, et faire qu'on pense d'emblée que c'est fichu. Alors que tous les médecins vous diront qu'un malade décidé à lutter, donc habité par l'espoir, a beaucoup plus de chances de s'en sortir que celui qui baisse les bras. Bien sûr, le patient ne va pas sauter de joie à l'annonce d'un diagnostic lourd, mais il va relativiser, se dire que d'autres ont fait mentir les prévisions les plus pessimistes, et donc mieux supporter son état. Le nombre de courageux qui « vivent bien » – et avec le sourire, à la longue – une cécité accidentelle, une paralysie partielle ou toute autre infirmité est un exemple – et une leçon de courage – pour chacun d'entre nous.

*

« Ils ont su renoncer », conclut Huguette.

Non : ils ont accepté ! Et à partir de là, ils ont optimisé ce qui était encore valide en eux, puisant souvent dans cette démarche une force nouvelle au point, parfois, d'en devenir étrangement séduisants. Je me souviens d'un homme rencontré dans un cours de qi gong. La première fois que je l'ai vu, je n'ai perçu de lui qu'un déhanchement inesthétique, une boiterie importante, bref un réel handicap. Il était en avance, nous avons bavardé. Dix minutes plus tard, j'avais tout oublié de ma première impression. J'avais devant moi un être lumineux, intelligent, l'œil vif, la gaieté dans le regard et qui par la suite se montra même d'une compassion exceptionnelle à l'égard des malheurs d'autrui. Plus tard, il m'a expliqué brièvement qu'il avait eu un terrible accident de voiture. C'est tout. Et il est vite revenu à des considérations « plus sérieuses », selon ses propres termes.

Alors cessons de nous lamenter pour une sinusite récurrente – même si ça fait très mal – et d'amplifier la souffrance physique en limitant notre horizon à elle. Il y a des moyens d'augmenter notre résistance à la douleur en changeant notre manière de penser. Nous y reviendrons. Pour l'instant, je ne fais que survoler le sujet. C'est quand on a « digéré » l'ensemble des Enseignements qu'on peut les utiliser à chaque occasion. Et je ne saurais vous les proposer en deux lignes.

*

« Il n'empêche que certains malades savent pertinemment qu'ils vont mourir, ça n'arrange pas les choses... »

Mais nous allons tous mourir ! Peut-être demain, ou tout à l'heure, certains d'entre nous n'auront même pas le temps de vieillir, tandis que ceux qui en ont la possibilité commencent à se morfondre au premier rhumatisme.

La vieillesse et la mort : eh bien oui, c'est comme ça !

Si on a la chance de vivre longtemps, on vieillit. Puis on meurt, comme les autres. Tout le monde le sait mais, quand arrivent les premiers signes de sénescence, on n'en revient pas. Et l'on augmente son désarroi en se disant que c'est le début de la fin ! Si je relie ici la vieillesse et la mort, c'est que beaucoup d'entre nous gâchent leurs dernières années en pensant sans arrêt que le temps se raccourcit, qu'ils n'ont plus que trente ans, vingt, peut-être dix à profiter des bonheurs terrestres. Un peu comme ces vacanciers qui commencent à anticiper leurs tracas de bureau huit jours avant la fin des congés, et sabotent ainsi leur dernière semaine de loisirs. Je connais des hommes (oui, surtout des hommes !) qui font une vraie déprime au soixantième anniversaire, même s'ils sont en pleine forme. Ce n'est pas sérieux.

« Il arrive cependant un âge où les ennuis sont là, insiste Huguette. Un jour c'est une hanche qui vous lâche, demain les yeux qui vous trahissent, d'autres vont subir un pontage, celui-là – dont l'équilibre devient précaire – doit s'aider d'une canne, ce n'est plus vraiment ce que c'était… »

Et alors ? Vous existez, malgré tout ! Vous n'êtes pas qu'une hanche (qui se remplace), une faculté visuelle (souvent améliorable), une artère (qu'on peut déboucher), vous êtes *vous* !

« Oui mais… Être diminué, comme l'a dit récemment une vedette de la chanson, c'est vexant. »

Vexant ! C'est là que le bât blesse. Le Moi triomphant en prend un grand coup et c'est cela qui fait le plus mal. Vexant de n'être plus alerte, intrépide, de ne plus pouvoir rentrer chez soi à 3 heures du matin et reprendre le travail à 9 heures, frais et dispos. À quoi bon s'obstiner ? Porter encore des talons aiguilles au risque de se casser la figure à moins de marcher comme une vraie vieille, à petit pas ? Draguer, Viagra en poche, toutes les femmes à la portée d'une libido vacillante ? Est-ce une façon de s'épanouir dans ce que l'on devrait appeler l'âge de la sagesse : le moment de réfléchir intelligemment, d'aimer inconditionnellement, d'être aussi un peu tranquille, de s'intéresser aux générations montantes… Vous savez pourquoi tant de vieux sont grincheux ? Parce qu'ils sont en colère. Ils en veulent à la terre entière de ne plus avoir la joliesse, l'autorité, le pouvoir d'antan. Ils oublient qu'ils « sont » toujours, et ils n'en profitent pas.

« Et quand arrive le vrai grand âge, parfois la sénilité, l'Alzheimer, on fait quoi ? »

Rien. C'est aux autres de faire. À ceux qui peuvent encore intervenir. Au lieu de dire : « Je ne vais plus voir tante Lucie dans sa maison de retraite, c'est trop dur, ça me rend malade, elle me reconnaît à peine », pensez qu'une main serrée, une caresse sur le front, votre présence lui sont sans doute perceptibles, et lui font du bien. Pourquoi souriez-vous, Huguette ?

« Je me rappelle ce geste – la main que je posais sur le front de ma mère… Dès que j'arrivais près d'elle, à la fin de ses jours, elle qui semblait ne plus se rendre compte de rien se souvenait de cette caresse. Elle prenait ma main et la dirigeait vers sa tête. J'effleurais son front pendant de longues minutes et le regard de maman affichait un certain ravissement. Puis au bout d'un moment, comme elle avait gardé son fichu caractère, elle repoussait mes doigts, agacée, en grommelant d'une voix à peine audible : “Ça suffit.” Ce qui nous faisait tous éclater de rire. »

Eh bien voilà. C'est aussi simple que cela. Et si l'on refuse à autrui ce genre d'assistance, essentielle au seuil du grand départ, il ne faudra pas s'étonner, plus tard, d'avoir peur de mourir tout seul.

Quant à l'instant fatal où l'on quittera ce monde, les bouddhistes estiment que c'est un simple passage, pas une totale disparition. Et les autres courants religieux aussi. Je me demande comment font les athées pour penser que rien ne perdure de leur énergie vitale sans sombrer dans le désespoir.

« Sans doute est-ce réjouissant de se dire qu'on n'est pas réduit à néant, objecte ma confidente, mais vous connaissez la formule : “Ce qui m'ennuie, ce n'est pas de mourir, c'est de quitter la vie.” Parce que, même si l'on prétend qu'elle est une vallée de larmes, la vie est belle ! »

Je suis contente de vous l'entendre dire. La vie est belle, en effet. Même si nous nous acharnons, plus ou moins consciemment, à l'enlaidir.

Les souffrances d'existence

La vie n'est pas un long fleuve tranquille, elle est faite de changements, parfois heureux, mais souvent frustrants, aussi, parce que nous avons du mal à nous y adapter. Ce qui nous fait souffrir, d'après la philosophie bouddhiste, se répartit en quatre domaines principaux :

– Rencontrer ce qui est désagréable.

– Être séparé de ce qui est agréable.
– Ne pas obtenir ce que l'on souhaite.
– Ne pas être satisfait de ce que l'on est.

Faire un développement exhaustif de tous ces désagréments, qui prennent souvent des proportions anti-bonheur dévastatrices, demanderait des pages. Contentons-nous de brefs exemples, et je gage que chaque lecteur complétera la liste à la lumière de ses propres tourments.

Rencontrer ce qui est désagréable

La difficulté d'être heureux dans une société de plus en plus inhumaine, obsédée par la rentabilité, où l'on n'existe qu'en fonction de ce qu'on rapporte. Le manque de reconnaissance de ceux à qui l'on a fait du bien. La monotonie qui éteint peu à peu les premiers « feux de l'amour ». La trahison d'un ami. La mise à l'écart. L'injustice. La perte d'un emploi. Les revers de fortune. L'incompréhension voire l'hostilité provoquées par une idée nouvelle (Galilée attaqué par l'Église quand il ose prétendre que la Terre tourne). Les accidents. La perte d'un proche. Et mon « aptitude au bonheur », dans tout ça ?

Être séparé de ce qui est agréable

Votre appartement a été cambriolé, on vous a volé vos objets les plus précieux. La firme où vous œuvrez a changé de patron, le nouveau est insupportable. Étant donné vos deux ans de chômage et ce que coûtent les études de votre fils, vous avez dû vendre la fermette de vos parents en Bourgogne, le lieu où vous vous ressourciez, où vous aviez tant de souvenirs. Votre mari vous a trompée, vous avez perdu toute confiance, en lui et en vous ! Votre femme a changé, elle se consacre de plus en plus à sa carrière et se détend avec ses copines, et moi et moi et moi ? Vos enfants s'en vont, c'est normal, mais ils vous manquent. Vous n'avez plus le feu sacré, vos clients ou vos patients vous fatiguent, qu'est-ce qui se passe ? Vous ne pouvez plus damer le pion à votre gendre au tennis, votre souffle est devenu un peu court. Et ma jeunesse, elle est où, ma jeunesse ?

Ne pas obtenir ce que l'on souhaite

« J'aurais voulu être un artiste... », je n'ai jamais été reconnu. Et cette fille dont je rêve, pourquoi ne me regarde-t-elle même pas ? Après vingt ans de services hors pair, j'aurais dû être nommé directeur ; on m'a préféré un incapable auquel je vais devoir obéir. Mon fils avait vraiment des aptitudes pour devenir un grand thérapeute, en deuxième année de médecine, il a tout plaqué pour se lancer dans l'informatique

– près les sacrifices que nous avons faits pour lui ! Je croyais bénéficier d'une retraite confortable, elle s'est réduite comme une peau de chagrin et mes pauvres économies ne me rapportent presque rien : adieu les voyages au bout du monde – et je devrais être content ?

Ne pas être satisfait de ce que l'on est

Trop grosse, trop moche, trop petit, trop sensible, pas assez intrigante, comme cette garce de Carole qui entortille tout le monde. Je viens d'un milieu modeste, je n'ai pas reçu les atouts des autres. Je n'ai pas de chance. Pas confiance en moi. Je suis nul. Qu'est-ce que je peux espérer ?

*

Bon. Rien de tout cela n'est réjouissant, mais vous en pâtissez dix fois trop. Là encore, le Bouddha insiste sur « la souffrance de la souffrance » : la façon dont vous réagissez – souvent avec une douloureuse complaisance – aux aléas de l'existence. Voyez avec quelle insistance certains ne parlent que de leurs ennuis, à croire que ceux-ci les valorisent… Si vous ne réagissez pas à ce masochisme inconscient, vous ne serez jamais heureux. Vos émotions, vos pulsions, vos pensées négatives vous amèneront à souffrir sans arrêt de votre condition humaine.

La souffrance omnipénétrante

Elle est dans la nature de toute chose, et surtout dans ce qui nous procure du plaisir, un plaisir dont nous refusons de comprendre qu'il est par essence éphémère. Le plaisir d'un bon repas, si vous en faites une nécessité trop fréquente, finira par vous rendre malade. Le plaisir de posséder une maison de campagne, s'il devient indispensable à votre équilibre vital, vous fera sombrer dans la douleur quand vous serez obligé de la vendre. Tout plaisir qui devient un besoin est une source de souffrance.

« En somme, privez-vous de tout et rien ne vous manquera », ironise Huguette.

Mais non ! Profitez au contraire des joies et satisfactions de l'instant présent. Et à fond ! Je veux dire profondément. On le fait rarement. Il existe des moments parfaits, parfois. Les apprécie-t-on à leur juste valeur ? Oui, plus tard, quand on évoque « le bon temps », mais sur l'heure, on se montre un peu étourdi, non ? Le bonheur, conçu ainsi, mérite qu'on s'y arrête...

Et puis était-ce vraiment « le bon temps » ? Ça vous amuserait de refaire les idioties dont vous vous vantiez à vingt ans – les courses-poursuites sur l'autoroute, l'amour épineux sous les cèdres du Moyen Atlas, les réunions politiques où vous

reconstruisiez le monde — maintenant que vous êtes père de famille et revenu de vos illusions révolutionnaires ? Et perdre son amour, voir son avancement refusé, être trahi, maltraité, déconsidéré, ça ne fait pas mal ?
Oh si… Surtout quand s'en mêlent une masse de sentiments suspects qui entretiennent votre douleur comme les vestales le feu.

2
Nos pires ennemis

Notre condition d'« êtres sensibles » nous conduit à des aberrations qui entretiennent tous nos mécontentements. Nous sommes faits de ce que le bouddhisme appelle des « agrégats contaminés ».

« Drôle d'expression pour qualifier la nature humaine, grogne ma partenaire. Donc nous serions impurs de naissance ? »

Non. Oubliez la notion de péché originel. Je vous le répète : il existe en nous une plage de conscience claire et de propension au bonheur, mais qui se trouve « contaminée » – c'est le mot – par l'interprétation de nos consciences sensorielles. Or qui interprète ? C'est le mental. L'esprit à son niveau le plus grossier. Mais cet esprit-là n'est pas scientifique, il est émotionnel, donc sujet à caution. Tel promeneur va trouver la mer « toujours recommencée », tel autre y verra un paysage monotone. Certains maîtres de la peinture moderne auraient fait s'évanouir d'effroi Léonard de Vinci, Ingres ou Delacroix. Personne n'a raison ni tort dans ce domaine, cela prouve simplement que notre esprit fabrique toutes choses, nos émotions, nos peines et nos joies.

Le premier de nos ennemis : l'ignorance

Nous nous attachons trop aux apparences. La réalité n'est pas ce que nous croyons. Elle n'est pas dans notre corps, qui va tomber en poussière. Elle n'est pas dans cette table, votre table de travail que vous aimez tant : ce meuble n'est qu'un système de molécules qui bougent ensemble et peuvent aussi bien se dissocier, comme l'évoque Einstein ; dans ce cas la table disparaît.

« Alors là, non ! s'écrie Huguette, désespérée. C'est cela qui m'éloigne du bouddhisme, lequel pourtant m'attire. Cette idée que nous évoluons dans un monde d'illusions, mes tableaux sont un leurre, je ne suis qu'un futur tas d'os et quand je mourrai, si j'ai été bien sage à force de renaître, j'irai me fondre dans le Grand Tout où les chantres de la vacuité m'expliquent qu'il n'y a rien tout en me précisant qu'il contient l'essentiel : je ne peux pas ! »

Laissons la vacuité pour plus tard, je vous ai dit que c'était le plus difficile à comprendre. Mais pour le reste – notre corps, la table –, on ne peut pas nier l'évidence.

« Peut-être, insiste Huguette, mais c'est une évidence qui mène au désespoir, ou au moins à l'indifférence. Comment apprécierais-je des choses et des êtres qui n'existent pas ? »

Ils existent, mais pas *fondamentalement*. Si vous saisissez la nuance, celle-ci vous permettra de relativiser ce dont vous faites des drames. Votre table, profitez-en tant qu'elle est là, remerciez les artisans qui réussirent cet assemblage, touchez ce chêne transporteur d'énergie qui vous aide à écrire, voilà qui fait partie du bonheur. Mais si votre table brûle, un jour, sachez que la Terre ne s'arrêtera pas de tourner pour autant et, surtout, que votre nature profonde n'en sera pas affectée.

Or l'histoire de la table n'est qu'une caricature. Songez aux dégâts que l'illusion échafaudée par le mental peut provoquer dans une vie… En pleine adolescence, le divorce de vos parents vous a bouleversé. Votre père est parti, c'est donc à lui que vous en avez voulu, avec force rebellions en forme de vengeances qui ont fichu en l'air votre jeunesse… Jusqu'au jour où, devenu adulte, vous vous êtes rendu compte que votre géniteur avait peut-être quelques bonnes raisons de quitter la maison. « À partir de là, avouez-vous, ma façon de voir les choses a totalement changé. »

On ne peut être plus clair : l'adulte en question reconnaît qu'il a été victime non de son père, mais d'une erreur de jugement. Où est la cause de la souffrance ? Dans l'illusion de la conscience mentale.

Les exemples pullulent, au cours de nos vies, de ces retournements de situation dus à un point de vue différent. Combien d'entre nous ont-ils dit : « Quand je songe à quel point je me suis trompé sur cet être, cette doctrine, ce parti politique. » Et d'en rajouter sur le malheur qu'ont provoqué en eux ces désillusions, au lieu de reconnaître qu'un mental clair aurait pu le leur épargner.

« Il n'empêche que si quelqu'un me fait du mal, me pique mon mari, ma place, mes idées, je ne vais pas danser de joie ! s'exclameront les rétifs. »

Sans doute mais... Sont-ils sûrs que ce sont eux qu'on a précisément voulu meurtrir ? Sommes-nous si importants que toutes les intentions de la terre nous concernent ?

Méfiez-vous de l'égo... centrisme !

Si je sépare ainsi le mot, c'est parce qu'il y a non pas deux ego, mais deux aspects de cet ego, l'un naturel, l'autre frelaté : celui qui nous entraîne dans des dramaturgies indues.

Une erreur courante consiste à croire que le Bouddha nous a conseillé d'oublier notre ego. Ce serait un non-sens absolu. L'ego fait partie de la nature humaine et il est nécessaire à la vie. Je dois m'occuper de moi, personne ne le fera à ma place. Je me soigne pour rester en bonne santé, je fais une formation pour progresser dans mon métier, je suis responsable de mon existence. Une vraie qualité, l'ego vu de cette manière, on ne va pas le jeter à la poubelle.

Mais il arrive souvent que ce même ego prenne des proportions autocratiques ridicules. C'est le Moi-centre du monde, qui ramène tout à lui et veut soumettre toutes choses aux fantaisies de son despotisme. Et cet ego-là est particulièrement doué pour vous faire souffrir. Réfléchissez un peu…

Si vous ôtez l'ego d'un chagrin d'amour, que reste-t-il ?

« Mais enfin, il reste le chagrin ! s'insurge Huguette. L'homme de votre vie, des serments aux toujours-toujours vous annonce qu'il ne vous aime plus, que ce soit brutalement ou à mots couverts : le cœur s'en va en mille morceaux. »

Oui mais qu'y peut-il, l'Autre, s'il ne vous aime plus d'amour ? Ça, vous ne voulez pas le savoir. L'offense, c'est de penser que Vous-Moi-Je puisse ne plus être aimé. Inadmissible ! D'autant qu'en général, la suite des aveux va mettre au jour une autre femme dont il est tombé amoureux, à cela non plus il ne peut rien, il le confirme. Alors là, au revoir le chagrin et bonjour la rage ! Je passe sur les noms d'oiseaux dont vous gratifiez votre rivale, même si vous ne la connaissez pas, sur vos protestations outrées – moi qui lui ai sacrifié ma jeunesse, ma carrière, mes loisirs –, et sur les anathèmes divers que vous jetez sur l'avenir du traître : « Je lui souhaite de souffrir un jour autant que moi » ; « Il va le regretter tôt ou tard… » Car votre Moi tout-puissant ne saurait imaginer que cette femme – à qui vous ne pouvez quand même pas reprocher d'avoir les mêmes goûts que vous – puisse donner à votre mari égaré un bonheur égal ou supérieur à celui que vous lui procuriez. En tout cas vous vouez le traître aux gémonies. J'en ai même entendu une m'annoncer froidement : « J'aurais préféré qu'il soit mort. » Est-ce une façon d'aimer ?

C'est valable au masculin, bien sûr. Le comble étant représenté par ces hommes qui ont fui le foyer conjugal et s'offusquent, des années plus tard, à l'idée que leur ex-femme a refait joyeusement sa vie.

Alors bon. Les chagrins d'amour font mal. Mais les blessures d'amour-propre (on ne peut mieux décrire l'égocentrisme), entretiennent ce mal, et vous enferment dans la rancœur. Ce Surmoi bafoué vous empêche d'exister pleinement et de préparer, même dans l'adversité, votre bonheur à venir.

Moi d'abord : une promesse de souffrance

L'ego démesuré fait des ravages dans tous les domaines, en suivant le même processus. Il exige tout et considère comme un crime de lèse-majesté la moindre atteinte à ses ambitions. Vous espériez un avancement, un collègue l'a obtenu à votre place. Traduction de l'ego : cette place, il vous l'a « piquée ». Bienvenue la rancune, l'aversion, la haine et… l'échec ! Car de deux choses l'une, si vous n'êtes pas content : ou vous attendez votre tour, ou vous allez chercher ailleurs une meilleure situation. Mais dans les deux cas, si vous vous cantonnez dans votre colère, vous allez mal travailler, mal vous faire valoir, mal vous faire voir, et vous risquez le pire en ces temps de licenciements endémiques et de crise de l'emploi.

Et puis moi-moi, c'est enivrant, mais pas bouddhiste pour deux sous. Le Bouddha nous explique très bien que si nous nous préoccupons uniquement de notre bonheur, nous ne l'atteindrons pas. Nous ne pouvons pas faire abstraction des autres. Or l'autre, c'est nous. Comme nous, il a ses désirs, ses objectifs. Comme vous, ce collègue désormais honni rêvait de monter en grade.

Comment a-t-il fait pour réussir ? À votre sens il a « intrigué ». Mais peut-être est-ce vous qui ne savez pas vous faire apprécier à votre juste valeur. En outre, que faites-vous de l'aspect sportif de la compétition : « Que le meilleur gagne » ? Et s'il était simplement le meilleur ?

Alors ça ! C'est une chose que nous ne voulons pas entendre. Pour notre ego resplendissant, cela se révèle intolérable. Notre ego n'a jamais tort, sa puissance ne saurait être contestée. Voyez déjà comme il est furieux quand on se permet simplement de le contredire. Observez ces discussions dites « de travail », ces échanges de vues entre chefs de service, dont la variété devrait permettre de conduire à un consensus mais qui prennent l'allure de pugilats, regards haineux exorbités des participants, index pointé vers l'« adversaire » et décibels en prime : que peut-il sortir de cet assemblage de mauvais ego ?

C'est là-dessus qu'il va falloir travailler. Nous poser des questions sur nos certitudes. Les replacer dans le contexte des autres, Prendre conscience que l'on peut se tromper. Il ne s'agit pas de se dévaloriser ni de se sentir coupable : il faut simplement comparer, relativiser, tenir compte de l'existence d'autrui.

Et ne pas penser que le monde nous appartient.

L'attachement et la saisie : de belles entraves antibonheur

On s'agrippe à tout. À l'objet de son amour, à ses enfants, à ses biens, ses réalisations, ses succès. Et la peur de les perdre devient une telle source d'angoisse qu'elle vous empêche de vivre heureux avec eux. Un compagnon et des enfants que l'on étouffe de sollicitude afin de les garder n'auront qu'une envie : partir. « On a quand même le droit de tenir à ce que l'on a acquis, s'insurgeront certains. Avoir du bien n'est pas une source de malheur. »

Non, tant qu'on n'en devient pas prisonnier, barricadé derrière des triples blindages et la hantise de la dépossession. Il en est qui ne peuvent même pas se résoudre à faire leur testament, tant ils sont « attachés » à ce qu'ils ont gagné, bâti, défendu, conservé.

Il en existe aussi qui n'ont plus le moindre sens du juste milieu. Que penser du « toujours plus » de certains grands patrons actuels et autres accumulateurs de richesses ? Avoir six résidences, donner des réceptions prétendument inoubliables, faire des croisières en ne visitant aux escales que des hôtels cinq étoiles et des magasins, devisant entre soi de la nature du service…

Où sont l'enrichissement personnel – le vrai –, la culture acquise, la connaissance de l'humanité, des autres ? Comment peut-on croire que le bonheur puisse se satisfaire de ces grandioses futilités ? Voyez les people, divorcés, remariés, quittés, effondrés, dopés, alcoolisés, dépendants de leurs hochets... Et encore, s'ils ne font de mal à personne, ça va. Mais Madoff ? Qu'est-ce qui l'a poussé à ses turpitudes financières sinon l'ivresse de la saisie ? Quel bonheur a-t-il pu tirer de l'usurpation de son tas d'or ?

Ce qu'il faut retenir, en matière de possession, c'est l'agrément qu'elle vous apporte dans l'instant, mais sans que sa privation éventuelle vous donne une impression de ruine irrémédiable. Cette sagesse procure une force incroyable. C'est elle qui vous permettra, en cas de problème, de repartir de zéro, au lieu de vous perdre en regrets.

Cela dit, l'attachement se manifeste dans d'autres domaines que nos préoccupations matérielles.

On ne « saisit » pas que des objets ou des biens

On s'approprie ses projets, et leur réalisation. Vous me direz que ça donne du cœur à l'ouvrage. Peut-être, mais à votre avis, d'où vient l'angoisse tétanisante de ne pas réussir ?

« Mais de l'intérêt que l'on porte à un travail, et au besoin de le mener à terme. Si l'on n'est pas impliqué, je ne vois pas l'utilité de commencer la moindre tâche », répond Huguette, péremptoire.

Il ne s'agit pas de vous désintéresser de vos tâches, il s'agit de ne pas vous approprier ces tâches comme une preuve égocentrique de votre valeur. Dites donc, chère Huguette, que m'avez-vous raconté l'autre jour, quand vous essayiez d'élaborer le texte du dos de la couverture de ce livre et que vous n'y arriviez pas ?

« Je vous ai dit que plus je tenais à un livre, plus je risquais de me bloquer. Surtout pour ces fameuses "pages quatre" de couverture, qui incitent le lecteur à acheter ou non l'ouvrage. En général, ce travail me prend entre vingt minutes et une heure. Mais si je tiens particulièrement à une publication, il me faut parfois deux après-midi. Cela dit, je ne vois pas le rapport. »

Et pourtant ! On ne peut mieux illustrer les dégâts provoqués par la saisie, alliée à l'ego.

« Mon ego n'a rien à voir là-dedans ! s'insurge mon indocile. Je ne suis que la directrice littéraire, ce n'est pas mon livre. »

Peut-être, mais vous m'avez dit par deux fois que vous y « teniez ». Vous vous l'êtes donc approprié, plus ou moins consciemment. Et comme ce livre était désormais devenu vôtre par le truchement de la saisie, votre ego a voulu réussir à tout prix cette quatrième de couverture.

Alors soudain vous avez paniqué, privée de tout recul. Résultat : vous avez perdu deux après-midi.

« D'accord, vous m'avez cloué le bec. Il n'empêche que je me demande comment on peut devenir un grand chef d'entreprise, quelle que soit cette entreprise, si l'on n'est pas attaché à celle-ci. »

Mais c'est pareil ! Tout est dans la motivation, pas dans l'appropriation avide d'une éventuelle victoire.

L'attachement excessif empêche de voir clair

Exactement comme en amour. Quand vous pensez d'abord à saisir une opportunité de succès, vous perdez toute chance de réflexion impartiale, équanime. Si vous vous dites « je suis doué, je vais monter la plus grande agence de publicité, mettre en place la plus grande nouveauté informatique, devenir le roi dans ce domaine », vous allez rester prisonnier de votre désir, et de votre agressivité dominatrice. Ce n'est pas une bonne façon de gérer votre affaire. Si au contraire, animé d'une passion et par un projet intéressant, vous cherchez à les mettre à profit pour proposer au public de la beauté, de la facilité, du progrès, mais sans être obsédé par votre triomphe personnel, vous aurez une vision claire de ce qu'il convient de faire. Vous commencerez par comprendre, d'ailleurs, que cette entreprise n'est pas uniquement la vôtre. Vous avez besoin des collaborateurs que vous dirigez, sans lesquels vous ne seriez rien. Vous avez besoin de songer à l'excellence de vos réalisations, avant de penser à vous. En prendre conscience vous évitera de vous enfermer dans une volonté de puissance, un dévoiement de votre désir initial, et dans ce besoin de « toujours plus », là encore, et pour vous. Toujours plus de chiffre d'affaires, plus d'honneurs, plus de célébrité, jusqu'à en oublier parfois vos limites et vous casser la figure. Vous souhaitez éviter les souffrances de la chute ? Lâchez prise, en ce qui concerne la saisie. Cela ne signifie pas se moquer de tout, renoncer, cela veut dire garder une vision juste, et ne pas être le jouet de l'attachement… à votre petite gloire et votre petite personne.

Dans de telles dispositions, même si un jour la crise économique vous oblige à vendre ce que vous avez créé, vous ne vous effondrerez pas. Parce que votre valeur intrinsèque sera restée intacte, et que vous pourrez, peut-être, l'utiliser ailleurs. Après tout, rien ne dure…

Un ennemi qui défie la logique : le refus de l'impermanence

Où sont passés les dinosaures ? Rien ne dure, ici-bas, tout change constamment, tout évolue, sans cesse, et c'est souvent un bien. On apprend, on progresse, on s'ouvre à de nouveaux horizons, on se découvre des affinités inattendues, des amitiés rares, des compagnons de route plus solides que les copains de fête d'autrefois, une hauteur de vues dont on se serait cru incapable et souvent des joies auxquelles on n'avait pas accès dans l'ignorance de la jeunesse. Qui se plaindrait de cette impermanence-là ?

En revanche, allez suggérer à un intellectuel que son esprit, tel celui de Balzac, un jour, « va se coucher comme un cheval fourbu », ou à un violoniste que ses doigts ne courront plus sur les cordes avec la même vivacité : ils ne sont pas préparés à ce qui est pourtant une évidence.

« Heureusement ! s'écrie Huguette. Si le violoniste imagine pareille éventualité, où voulez-vous qu'il trouve le courage de faire ses exercices quotidiens, d'apprendre à maîtriser son archet, de chercher à sortir la meilleure sonorité de son instrument ? Penser que tout passe, tout casse, vous parlez d'une motivation ! »

Si votre violoniste baisse les bras pour si peu, c'est que sa vocation manque de souffle. Il sait très bien que sur le tard ses mains le lâcheront et que le violon et l'archet se retrouveront seuls. Mais s'il vit dans l'instant présent et non dans la projection paranoïaque d'un avenir inéluctable, il multipliera ses efforts, et savoir que le temps lui est compté doublera sa capacité de travail. Il peut devenir un génie, non en essayant de retenir les heures, mais au contraire en s'en libérant, et en laissant ainsi à l'épanouissement de son talent toutes ses chances. Intégrer l'impermanence dans son organigramme personnel permet de mieux gérer sa vie.

« Peut-être, tant qu'on est seul maître à bord. Mais que faites-vous des imprévus, des déceptions venant des autres, de tous les accidents qui viennent parfois ruiner nos projets ? »

Accepter l'impermanence, c'est aussi être capable d'admettre que les choses, les gens et les situations se transforment sans qu'aussitôt un sentiment de perte insurmontable vous assaille. Vous êtes associé à quelqu'un qui a totalement dérapé, dont l'éthique ne correspond plus à la vôtre ; vous vous engloutissez dans le désappointement… Et si cette désillusion arrivait à temps pour vous suggérer une sorte de détachement vis-à-vis de cet homme que vous admiriez et que vous n'estimez plus, mais auquel des liens très forts vous unissent encore ? Cette entente a existé, elle vous a satisfait ; elle n'existe plus, pourquoi vous sentir anéanti ? Ce n'est pas vous qui avez démérité. Votre histoire est terminée avec cette personne, c'est tout : éloignez-vous sans haine, réjouissez-vous de ne pas vous être laissé entraîner dans les erreurs de votre partenaire, et reconstruisez ailleurs cette partie de votre existence. C'est vous qui souffrez, c'est à vous d'agir.

« Toutes nos activités extérieures basculeraient dans le vide et cela nous laisserait indifférents ? s'étonne perfidement ma contradictrice. »

Oh ! mais ça ne vous laisse pas indifférent, dans le cas présent : cela vous incite à développer des toxines mentales d'injustice et d'échec qui vont vous paralyser. Alors qu'il est urgent de réagir, vous n'avez que trop tardé. Car enfin, vous ne vous êtes pas montré très vigilant, n'est-ce pas ?

Un refus, ou une forme de paresse ?

Se dire que ce qui existe depuis des années doit nécessairement perdurer n'est pas très raisonnable, et témoigne peut-être d'une certaine indolence de l'esprit. Nous étonner, en cas de rupture affective, de transformation professionnelle ou de déception amicale en disant « je n'ai rien vu venir » devrait nous amener à réfléchir. Car cet aveu signe notre propension à nous endormir sur nos lauriers sans… Sans tenir compte de l'environnement et des autres, encore une fois. Si nous les avions mieux regardés, ces autres, nous aurions peut-être « vu venir » ! La lassitude conjugale, le délitement d'une équipe, le changement de cap d'une direction… En ce sens, bien avoir en tête que l'impermanence est dans la nature des choses ne relève pas de la paranoïa, mais de la lucidité. Et de la possibilité d'adaptation, voire de transformation nécessaire, pour nous-mêmes.

Si nous acceptions d'évoluer à notre tour ? De modifier certains de nos comportements qui nuisent aux relations personnelles et professionnelles. De quitter nos pantoufles pour aller voir ailleurs si l'on ne nous propose pas une opportunité de changer de poste, avant que le nôtre, dans notre firme en difficulté, ne soit supprimé…

« De toute façon, je n'ai aucune formation valable, me confie un de mes élèves à qui le qi gong n'a pas encore apporté l'apaisement. À part jardiner, je ne sais rien faire. Et vraiment, être jardinier, ce n'est pas très glorieux. »

Je m'abstiens de lui répondre que ni les mânes de Le Nôtre, ni le bien vivant Alain Baraton ne seraient très contents de son appréciation : je pense juste, aussitôt, à cet ennemi lancinant qui gâche la vie de tant de gens…

L'insatisfaction

Donc à celui-là, l'idée d'être jardinier ne paraît pas glorieuse. Il aurait voulu être vétérinaire, c'est plus à la mode. Mais cela demande trop d'études et il n'était pas doué. Alors il s'est rabattu sur le jardinage. Je lui demande pourquoi, s'il n'aime pas les fleurs. Mais si ! Il adore les fleurs, les plantes, les fruits, le potager, tout ce dont il s'occupe ! En somme, il se prive d'être heureux par pure vanité, parce que les vétérinaires ont la cote.

Un autre fantasmera sur les présentateurs télé, un médecin généraliste sur les grands chirurgiens. Et le grand chirurgien jalousera la richesse d'un de ses patients milliardaire, et le riche patient rêvera d'être un homme politique influent, et l'homme d'influence vous déclarera sans rire qu'il envie ces petits paysans qu'il rencontre l'été, au calme, à la campagne, sans soucis, voyons donc…

Où est le bonheur, dans ces mirages de notoriété et ces lassitudes de nantis ? On oublie trop souvent l'adage : réussir dans la vie ne signifie pas toujours réussir sa vie. Et encore moins une vie bouddhiste, laquelle vise à se contenter de la nature profonde de l'Être, qui est la même pour tout le monde et n'a rien à voir avec la carte de visite.

Certes, il existe des salariés mal payés, exploités, en situation plus que précaire et à qui nous devons venir en aide, ne serait-ce qu'en nous mobilisant pour que cessent certaines iniquités criantes. Même et surtout si ces hommes et ces femmes n'ont plus la force de se plaindre : ils doivent survivre et cela prend toute leur énergie. N'est-il pas surprenant, d'ailleurs, de constater qu'on commence à rechigner dès qu'on n'est plus en danger de mort ? Alors que, comme nous le montre par maints exemples Matthieu Ricard[1], nombre d'ermites, inconnus et pauvres, vivent « dans un état de constante félicité ».

« Mais je vous l'ai déjà dit, ronchonne Huguette, même si le livre de Matthieu Ricard est très édifiant, il est peu probable qu'il nous mène à ce genre d'ascèse. Alors à quoi cela sert-il d'évoquer tous ces hommes d'exception ? »

Eh bien, selon Matthieu Ricard – et il a mille fois raison –, cela sert à nous prouver que le bonheur selon Bouddha n'est pas une utopie. « Si le sage peut être heureux, nous dit-il, c'est que le bonheur est possible. […] La personne du sage (et de la sagesse qu'il incarne) ne représente pas un idéal inaccessible, mais un point de repère dont nous avons besoin dans notre vie de tous les jours. […] Il ne s'agit pas de renoncer à la vie qui est la nôtre, mais de bénéficier de l'éclairage de ceux qui ont élucidé la dynamique du bonheur et de la souffrance. »

1. Matthieu Ricard, *Plaidoyer pour le bonheur*, Nil Éditions, Paris, 2003 ; Pocket, Paris, 2004.

L'insatisfaction, quelle qu'elle soit, génère des sentiments de frustration, de jalousie, voire de haine, autant de poisons qui nous empêchent de profiter de nos atouts, si maigres soient-ils. Et peut-être de choisir l'existence qui nous conviendrait le mieux, où nous pourrions nager en eau claire, et non dans le marigot de nos désirs inassouvis. Et cela, que nous soyons petits ou grands, laids ou superbes, munis d'un simple diplôme des collèges ou d'une agrégation de philosophie.

« Comment peut-on parler d'eau claire à propos d'une existence polluée par les difficultés et les peines ? penseront les lecteurs. Quand la misère familiale vous a privé des formations nécessaires à l'accès du fameux ascenseur social, quand un homme ou une femme vous ont entraîné sur de mauvais chemins, quand on vous a ruiné, quand la maladie ou un accident ont brisé vos élans ! »

Ainsi, la plupart de nos déboires proviendraient de notre entourage ou des mauvais coups du sort ? C'est souvent vrai, je vous l'accorde, mais...

La faute aux autres ou aux événements : et alors ?

J'ai reçu un jour les confidences d'une jolie quadragénaire autrefois jalousée par sa mère qui s'appliquait à l'humilier et à la persuader qu'elle n'était bonne à rien. Pendant longtemps, cette jeune femme avait souffert d'un terrible manque de confiance en elle. Elle aimait la compagnie mais demeurait secrète – on aurait pu la croire hautaine – car pour elle, trop se dévoiler devant les autres aurait sans doute révélé toutes ses imperfections.

Un hiver, alors qu'elle se remettait à l'hôpital d'une mauvaise chute à skis à côté d'une autre patiente éclopée comme elle, elle se mit à lui raconter ses déboires. C'est un classique, chez les gens avares de confidences avec leurs proches, de soudain déverser leurs non-dits devant des inconnus. Tout y passa, et d'abord des études interrompues par une mère impatiente de la mettre au travail : un vrai désespoir pour cette fille très douée qui visait l'agrégation d'histoire et voulait devenir professeur. S'ensuivirent la perte de ses amis de faculté, des boulots décevants puis, quand même, un travail de documentaliste qu'elle exerçait tour à tour dans des maisons d'édition, des agences de cinéma ou de publicité. Mais elle regrettait toujours l'enseignement, une vocation pour elle, et les fréquentations intellectuelles dont son nomadisme professionnel la privait. Bref, à l'approche de la trentaine, malgré une situation confortable, elle n'allait pas bien. Tout ça parce que sa mère…

Soudain, sa voisine de chambre, nettement plus âgée qu'elle, hasarda une question : « Ainsi donc, tout ce que vous allez subir ou rater dans votre vie, tout ce dont vous manquerez, ce sera la faute de votre mère ? »

« Ce fut pour moi comme une révélation, me dit la jeune femme. D'une petite phrase, ma voisine de lit avait mis le doigt sur le ridicule de mes réactions. Je n'ai pas cessé d'y penser et j'ai peu à peu revu mon interprétation des choses. Ma mère était une femme simple, peu cultivée, terrifiée à l'idée que je "l'écrase" (de mon mépris) si je devenais trop savante. En plus elle ne roulait pas sur l'or et mon père l'avait quittée.

"Et puis que seriez-vous, aujourd'hui, m'avait fait remarquer perfidement ma vieille confidente, que seriez-vous avec votre agrégation d'histoire ? Une jeune prof de collège ou de lycée, en butte à des élèves qui se moquent du passé, et enseignant de surcroît une matière qu'on envisage de supprimer des programmes ? Ce n'est pas une sinécure, de nos jours, vous savez !"

Elle y allait un peu fort, ma vieille dame, mais il n'empêche que soudain, ma nostalgie ne fut plus ce qu'elle était. Et quand elle ajouta, enhardie, que ce n'était pas en me préservant du jugement des autres que j'élargirais le cercle de mes fréquentations, je compris que j'avais du pain sur la planche si je voulais devenir une personne satisfaite et heureuse. »

Conte de Noël ? Non. Une histoire vraie, qui peut nous rendre service. D'abord parce que les autres ont bon dos. Que l'on ait perdu un ami, un amant, une épouse ou un travail, c'est toujours la faute de l'ami, de l'amant, de l'épouse, des restructurations, des rivaux. Ainsi donc, le monde ne serait peuplé que de traîtres, d'infidèles et d'esclavagistes débaucheurs. Sauf nous, bien sûr. Pas très crédible comme raisonnement. Quand bien même nous aurions été la cible de mauvaises intentions, d'ailleurs, c'est à nous de réagir avec les moyens du bord. Rejeter la « faute » de notre inaptitude à la sérénité sur les autres ne sert à rien.

« Parce que l'on doit rester serein si sa maison a pris feu, si son enfant se drogue, si l'on perd son emploi pour cause de maladie ? » me demande Huguette, aussi agacée que certains lecteurs de ces lignes, je suppose.

Rendre responsables les événements, ça nous avance à quoi ? Il est sûr qu'après un coup dur venu de l'extérieur on ne se remet pas tout de suite à célébrer les charmes de l'existence. Seulement, ce qui est fait est fait. Et si l'on ne se laisse pas quelques plages de réflexion pour trouver le moyen de vivre sans trop souffrir avec les nouvelles donnes, on ne connaîtra plus jamais le moindre instant de joie. On a vu des bonheurs se reconstituer sur des ruines, des êtres brisés recouvrer leur énergie les premiers moments de désespoir passés, des gens qui, après un accident de parcours, se sont donné une nouvelle chance et forgé un nouvel avenir.

« Soit, admet Huguette, toujours aussi réticente. Mais certains sont quand même particulièrement visés par le mauvais sort. Pourquoi d'aucuns naissent-ils beaux et riches, et d'autres malingres et misérables ? Pourquoi telle femme va-t-elle se retrouver esseulée, sans argent, avec un enfant atteint d'une grave maladie ? D'où viennent ces inégalités de naissance et de destin qui faisaient dire à nos grands-mères : "Mais qu'est-ce que j'ai fait au bon Dieu pour mériter tout ça ?" »

Le bon Dieu n'a rien à voir là-dedans. Mais la question mérite d'être posée : d'où viennent les souffrances qui nous sont infligées ?

II

La Noble Vérité des origines de la souffrance

Nous récoltons ce que nous avons semé

Pourquoi le Bouddha a-t-il parlé de la Noble Vérité de la Souffrance avant d'en aborder les origines ?

Parce qu'il était un très bon maître, et de surcroît très malin.

Il fallait en effet que ses disciples comprennent d'abord le noyau central de leur souffrance : naissance, maladie, vieillesse, mort, rencontre avec ce qui est désagréable, privation de ce qui vous plaît, insatisfaction de soi et de sa situation sur cette terre.

Il fallait ensuite leur faire admettre que leur ignorance, leur ego, leur avidité à saisir toutes choses, leur refus de l'impermanence, leur insatisfaction et leur fâcheuse tendance à se plaindre des autres augmentaient leur malheur.

Et il fallait bien toutes ces approches prudentes de l'évidence pour pouvoir leur asséner qu'ils étaient aussi responsables du reste ! Eh oui… Les événements venus de l'extérieur – accidents, maladies, lourdes épreuves ou criantes injustices –, venaient également d'eux, c'est-à-dire de ce qu'ils avaient fait dans leurs vies passées.

Et, bien sûr, il en va de même pour nous, selon le Bouddha.

Certes, comme l'a déjà souligné Huguette, la théorie des renaissances successives est un dogme, que vous êtes libres d'accepter ou non. Admettez cependant que c'est là une explication très recevable des fameuses « inégalités de naissance et de destin », qui posent problème à tout le monde.

D'ailleurs, et sans doute pour cette raison, l'idée de la « transmigration des âmes » n'était pas inconnue des premiers chrétiens. Saint Matthieu ne laisse-t-il pas entendre que Jean-Baptiste est la réincarnation du prophète Élie ? « *Tous les prophètes, ainsi que la Loi, ont mené leurs prophéties jusqu'à Jean-Baptiste. Et lui, si vous voulez m'en croire, il est cet Élie qui doit revenir*[1]... » Au IIIe siècle, pour sa part, Origène parlait de la préexistence des âmes, qui devaient migrer dans plusieurs corps et plusieurs vies pour racheter leurs fautes. C'est seulement en 553, lors du deuxième concile œcuménique de Constantinople, que l'Église condamna cette doctrine, laquelle lui retirait sans doute – à son sens – une part

1. Évangile selon saint Matthieu, XI, 13-14.

d'autorité sur ses fidèles dûment entretenus dans la menace des flammes de l'enfer...

Quoi qu'il en soit, le Bouddha, dès le VIe siècle avant Jésus-Christ, avait installé cette croyance dans les vies successives permettant peu à peu de s'améliorer afin d'accéder à la nature pure de l'Être – sa nature divine –, c'est-à-dire au bonheur et à l'Éveil.

« En somme, les renaissances figurent pour les bouddhistes une sorte de purgatoire, le moyen de payer leurs péchés passés », résume un peu rapidement Huguette.

Ça, c'est un concept judéo-chrétien. Les bouddhistes évoluent sur un plan beaucoup plus scientifique, si j'ose dire, ou terre à terre, comme vous voulez. On ne parle ici ni de péché ni de paiement ni de rémission, on parle de relation de cause à effet : ce fameux karma qu'on aime traiter à la légère dans les conversations frivoles d'aujourd'hui, mais qui représente une loi implacable. Il ne s'agit pas de nous punir, mais de nous tenir pour responsables de nos erreurs, de nos égarements, et du mal que nous avons fait alentour. Entre nous, c'est autrement valorisant pour la nature humaine.

Nous ne mourons qu'en partie. Nous perdons dans la mort tout ce à quoi nous tenions, et notre ego soudain annihilé. Mais ce que nous sommes profondément ne meurt pas. La nature pure de l'Être demeure, seulement nos pensées et actions dans nos existences antérieures y ont laissé des empreintes. Nos diverses vies se déroulent comme un long ruban, un continuum mental impalpable mais réel – d'autres l'appelleront âme –, où s'inscrivent le négatif comme le positif. Le positif va alléger notre karma, le négatif va l'alourdir. Mais toute nouvelle naissance humaine nous donne une chance de réparer les dégâts que nous avons provoqués.

Encore une fois, le bouddhisme est une philosophie-religion de responsabilité. Et d'après lui, la cause de *toutes* nos souffrances, c'est *nous* au fil du temps. Or si l'on accepte cette idée, on n'accueillera plus les événements malheureux de la même manière. On ne dira plus : « Quelle injustice ! J'ai trente ans, je n'ai rien fait de mal jusqu'ici, pourquoi pareil drame tombe-t-il sur moi ? Pourquoi ce bébé de quelques mois est-il mort et pas sa grand-mère de quatre-vingt-dix ans ? » On saura qu'on a généré, dans un passage sur terre antérieur – ou peut-être même dans sa vie actuelle –, des intentions et des actes terribles qui ont produit cet effet.

« Mais c'est la porte ouverte à tous les fatalismes ! s'insurge Huguette. On va se dire "c'est mon karma", et on ne réagira plus à rien. »

Pas du tout ! Pas si l'on sait – bonne nouvelle – que notre vie actuelle peut nous permettre d'apurer en partie ce compte en banque criblé de dettes qui nous maintiennent dans le rouge, c'est-à-dire dans le samsara. Il va falloir apprendre, au cours des existences, à devenir un bon banquier.

« Et si je renais sous la forme d'un chat, demande ma bougonneuse, je fais quoi ? Vous connaissez des chats banquiers ? »

I

Le cycle des renaissances ou la loi du Karma

« Pourquoi ne pas parler de réincarnation ? demande Huguette. Le terme est plus connu. »

Oui, mais il est inadapté dans la plupart des cas. Se réincarnent les grands maîtres, les saints, des personnages qui reviennent parmi nous, sinon sous la même forme physique, au moins avec les caractéristiques profondes de leur être, avec leurs acquis, afin de poursuivre leur mission de bienfaisance auprès de l'humanité. Tandis que vous, Huguette, n'allez pas renaître pour donner une suite à votre vie d'aujourd'hui ! Vous allez revenir avec le lien de votre continuum mental, dans une situation qui vous permettra – si vous agissez dans ce sens – de vous débarrasser d'un certain nombre d'empreintes négatives qui vous empêchent d'accéder au bonheur. Mais vous renaîtrez, c'est sûr. De toute façon, si l'on n'admet pas le cycle des renaissances, on ne peut rien comprendre au karma.

D'ailleurs, en dehors de tout raisonnement cartésien, beaucoup d'entre nous ont eu l'opportunité d'entrevoir, de sentir la possibilité d'une ou plusieurs vies passées. Comment expliquer certains rêves récurrents où vous vous retrouvez dans un paysage familier, un petit port de pêche avec ses bateaux, son café breton aux murs blancs et au toit de tuiles rouges, ou tout autre endroit que vous pourriez décrire dans les moindres détails sans jamais y avoir mis les pieds ? Le bardo du rêve – *bardo* signifiant un état intermédiaire entre la réalité tangible de notre vie et « les choses qui sont derrière les choses » – peut nous renseigner aussi bien sur les arcanes de notre subconscient que sur le mystère d'existences inconnues... Dans le même esprit, pourquoi certains arrivent-ils en terre étrangère avec un sentiment de déjà-vu et un coup de foudre immédiat ? Pourquoi rencontre-t-on de ces sœurs ou frères d'âme avec qui l'on se sent en sympathie profonde dès les premiers instants, comme si on les avait longtemps fréquentés ? Pourquoi certaines époques de l'Histoire nous paraissent-elles si faciles à découvrir, à revivre ?

Les exemples sont nombreux, de ces relations karmiques qui tendent à nous prouver que nous avons été autres, parmi d'autres, en d'autres lieux et d'autres temps. Cela dit, je ne souhaite pas m'étendre longuement là-dessus, si séduisantes soient ces propositions. Trop de charlatans, vendeurs d'ésotérisme de pacotille, se sont emparés du sujet au cours des siècles, avec un regain de succès ces dernières années. Et une propension suspecte à faire de nous des ex-empereurs ou archiduchesses plutôt que des manants ou des gueuses !

Oublions donc le folklore au profit de la science qui s'intéresse, à l'époque actuelle, à la puissance de l'esprit voire à sa pérennité. Certains chercheurs font des expériences avec de grands méditants, avec le Dalaï-Lama lui-même, car ils devinent qu'il se passe, chez ces êtres spirituellement évolués, des choses qu'on n'a pas pu analyser, jusqu'ici, de façon rationnelle.

En tout cas le Bouddha nous confirme, lui, que la pensée issue de l'esprit perdure, qu'elle a provoqué des intentions plus ou moins bonnes, puis des actes qui conditionnent les différentes évolutions de notre être. Pourquoi notre vie humaine est-elle si précieuse ? Parce que, malgré son caractère fugace, elle nous offre le choix d'alléger notre karma. La vie est un laboratoire : on y récolte ce qu'on y a semé. Et jamais une graine de cactus ne donnera un cerisier. Il faut donc bien cultiver notre jardin tout au long de notre passage sur terre, et encore plus dans les derniers instants.

Ne mourez pas en colère !

Attention ! Dans vos vies futures, vous serez non seulement comptable de vos méfaits – meurtres, vols, diffamations, détournements divers à votre profit –, mais aussi de vos intentions. Car les intentions génèrent des actes, en général. Évidemment, si vous êtes mourant, les actes ne suivront pas. Mais si vous nourrissez tout au long de votre déclin des pensées néfastes, de la haine, de la rancune, des projets malintentionnés, le mauvais karma que vous trimbalez dans votre besace va peser encore plus lourd. C'est pourquoi il est bon de méditer sur sa mort, avant qu'elle ne survienne. Pour la réussir, en quelque sorte.

« Ce n'est pas l'avis de tout le monde, sourit Huguette. J'ai dit récemment à un psy de ma connaissance que je voudrais bien apprendre à mourir. Il m'a répondu que je ferais mieux d'apprendre à vivre. Mais je ne pourrai pas bien vivre la fin de mes jours si je n'apprivoise pas la hantise de la mort ! »

Voilà une réflexion sage : on doit mourir serein. Et beaucoup le sentent. Pourquoi tant de gens appellent-ils de leurs vœux, au seuil de l'agonie, la présence d'un fils qu'ils ont chassé, d'un ami avec lequel ils étaient brouillés ? Pourquoi résiste-t-on mal à ce genre de requête ? Parce que, dit la sagesse populaire, « il faut mourir en paix ».

Le bardo de la mort : une claire lumière

Le corps quitte ce monde, ou va le quitter. « Le reste » commence à vivre autre chose et, durant cette période, la conscience pure évolue considérablement. Pour les êtres non préparés, c'est un choc tel qu'ils sombrent dans un trou noir, comme lorsqu'on s'endort. En revanche, ceux qui ont pris le temps de réfléchir, d'analyser, de méditer, restent témoins de ce qui se passe.

L'étape suivante est ce que l'on appelle « la claire lumière de l'esprit ». En témoignent les gens qui sont revenus d'une expérience de mort imminente (NDE[1]) : « J'ai vu une lumière éblouissante, extraordinaire ; j'étais imprégné d'amour, d'une paix incroyable... » Voilà qui atteste de la permanence de notre nature profonde. Et les médecins ont beau prétendre, pour la plupart, que ces visions proviennent de réactions chimiques au niveau du cerveau, une question demeure : pourquoi tous les témoins d'une NDE,

1. Near Death Experience.

une fois revenus parmi nous, déclarent-ils que leur vie a totalement changé et qu'ils connaissent la paix de l'esprit ?

En tout cas, leurs récits laissent à penser que la mort n'est pas triste pour celui qui la « vit ». Sauf si on l'aborde dans les affres de la peur voire de la colère. Mais dans l'absolu, le passage n'est pas dramatique. C'est après que les choses se gâtent. Car à moins d'avoir nettoyé totalement son karma, il va falloir renaître…

Ne rêvez pas de votre vie future : vous ne pouvez pas la choisir

Fantasmez à loisir sur un nouveau parcours où vous seriez Cézanne, Zidane, ou simplement le chat persan d'une maîtresse caressante, mais sachez que cela ne se passe pas de cette manière.

En revanche, et vous l'aurez compris, si vous ne pouvez pas choisir votre nouvelle existence, votre état d'évolution, lui, va influer sur les conditions de votre renaissance. En ce sens, on peut dire que vous aurez choisi quand même, inconsciemment, ce qui vous attend. Vous allez reprendre vie dans une famille et dans des conditions aptes à vous procurer l'opportunité de vous parfaire.

D'après la tradition bouddhiste, vous pouvez renaître dans le monde des dieux, des demi-dieux, des humains, des animaux, ou dans celui des fantômes affamés et des créatures de l'enfer. Mais ne vous fiez pas trop à ces appellations : ce sont des élaborations de l'esprit. Dans *Le Bouddhisme pour les nuls*, Jonathan Landaw et Stephan Bodian l'expliquent si clairement que je me permets de les citer : « Bien que la mythologie bouddhiste présente ces royaumes comme s'ils avaient une existence réelle, ils servent tout aussi souvent à décrire des êtres humains piégés dans un état d'esprit particulier[1]. » Ainsi va-t-on placer un insatiable comme Madoff dans le monde des fantômes affamés (mais qui ne pourront plus se repaître de quoi que ce soit), les vrais malfaisants au royaume de l'enfer (et ils vivront un enfer), ou les avides de richesses parmi les dieux ou demi-dieux, prisonniers de leur cupidité, blasés, et inaptes au bonheur.

Pour ma part, ne me considérant pas comme une exégète en la matière, je dirai simplement que renaître dans la condition humaine – quelle qu'elle soit – est quand même la meilleure opportunité. Un animal sauvage doit constamment lutter pour survivre, un animal domestique n'est pas libre, et aucun des deux n'a notre niveau de conscience. Les autres formes de vie se passent

1. Jonathan Landaw et Stephan Bodian, *Le Bouddhisme pour les nuls*, Éditions First, Paris, 2005.

sur des plans vibratoires différents, où il faut attendre des temps incalculables avant que le karma s'allège de lui-même pour revenir dans des cycles de renaissance moins pénibles. Mais surtout, la renaissance humaine est le seul moyen de faire, par nous-mêmes, basculer ce karma, et de changer le cours des choses par nos simples comportements. Un acte gratuit, bienveillant, bénéfique peut effacer des dizaines de noirceurs. Attention cependant ! Un chèque de dix mille euros ne va pas dédouaner trente ans d'exploitation de milliers de travailleurs. Le système des « indulgences » cher à l'Église catholique d'autrefois n'a pas cours, ici. On parle d'actes sincères, inspirés par la vraie compassion, que nous étudierons plus tard. Pour l'instant, célébrons la vie. Et surtout, respectons-la.

Le suicide est un acte très grave

Que ceux qui ont souffert – j'en fais partie – d'une expérience de ce genre parmi leurs proches me pardonnent : le suicide est un acte d'ego terrifiant. Je me déçois trop, on me fait trop souffrir, je ne m'en sortirai jamais : c'est la saisie du « soi ». C'est le désastre de l'insatisfaction, parfois le besoin de se venger des siens, d'un être que l'on tient pour responsable de son désespoir, avec le désir détestable de les voir tous rongés par la culpabilité et incapables de bien vivre à leur tour. Mais il y a plus dramatique : le suicidé a coupé la vie, méprisé cette opportunité qui lui était donnée de se parfaire au fil des années ou des siècles, et il ne la retrouvera pas de sitôt. Il ira rejoindre les âmes errantes et tourmentées, il attendra longtemps avant de renaître, et certainement pas tout de suite en tant qu'être humain. Quoi qu'il en soit d'ailleurs, il restera conscient de sa souffrance. Et celle-ci sera d'autant plus augmentée qu'il ne pourra pas, dans sa situation, trouver une solution d'acceptation qui serait à même de l'en libérer.

Nous qui avons la chance d'être dans l'humanité, profitons-en !

Même si je dois dérouler pendant des temps immémoriaux ce long ruban de karma dont les taches m'empêchent de me libérer de la souffrance, vive la vie !

« Sauf que c'est long, soupire Huguette, apparemment déjà exténuée. Et ça se termine quand, ce western ? »

Il n'y a pas de fin tant qu'on n'a pas atteint l'Éveil.

« Vous voulez dire le nirvana ? »

Cela fait partie de l'Éveil, en effet. Le nirvana est un état de paix totale, dépourvu de perturbations mentales et de toute négativité, une félicité intérieure que connaissent les grands méditants, ceux qui, renonçant aux vaines ambitions de ce monde, se sont réfugiés avec bonheur dans la plénitude de l'esprit. Et à partir du moment où plus rien ne les perturbe et surtout pas l'ego, où ils sont dans la vision juste, ils peuvent accéder à la pleine conscience de la véritable nature des choses, c'est-à-dire *shunyata* en sanscrit, la vacuité.

« Oui, eh bien on va laisser *shunyata* tranquille pour l'instant, ironise ma complice que le mot "vacuité" rend immanquablement allergique. On ne va pas transformer l'esprit du lecteur en bouillie à ce stade du livre ! »

Je suis bien d'accord, d'autant que nous n'en avons pas terminé avec la loi de cause à effet. Il fonctionne comment, ce karma dont tout le monde parle à tort et à travers ? Et surtout, qu'allons-nous en faire, pendant notre parcours actuel, ici-bas ?

2

Alléger son karma, c'est marcher sur le chemin du bonheur

« Peut-être, mais si ce délestage doit nous prendre trois ou six mille ans, il n'y a pas de quoi beaucoup nous motiver, remarqueront les adeptes du credo contemporain : "Toujours plus vite !" »

Ils auront tort, car toutes les pratiques destinées à alléger le karma – et aussi à ne pas l'alourdir encore plus par nos comportements présents – nous libéreront peu à peu de bien des souffrances. Même si nous ne parvenons pas à la félicité totale, nous pourrons en ressentir les bienfaits immédiats et ouvrir peu à peu, en nous, la route du bien-être – au sens littéral du terme.

Le bonheur ne vient pas de l'extérieur

Il faut se mettre ça dans la tête une fois pour toutes. Vous pouvez être milliardaire, en bonne santé, nanti d'une famille épanouie, si vous ne savez pas comment échapper à la peur de la mort, de la maladie, de la ruine, de toute perte quelle qu'elle soit, si grondent en vous la jalousie, la cupidité, la colère, l'insatisfaction, l'ego dévastateur, vous ne pourrez pas être heureux. C'est bien la preuve que l'aptitude au bonheur tient d'abord à nous-mêmes, et à l'abandon de tous ces ennemis intérieurs qui entretiennent nos souffrances.

« Certes, admet Huguette. Seulement si je renais avec un passif écrasant dû à mes actes passés, non seulement il va m'arriver des tuiles pas possibles, mais, sachant que je les ai provoquées par des actions abominables, je vais avoir de moi une image totalement négative. Voilà un vrai handicap sur la route de la sérénité. »

Penser ainsi est encore une erreur. Pour venir à bout de nos émotions et pulsions néfastes, nous devons nous accrocher à une certitude transmise par le Bouddha, et très réconfortante…

Il existe en chacun de nous une nature pure, lumineuse, qui ne demande qu'à faire surface

Je dis bien « en chacun de nous ». Même chez le pire des assassins, chez le pervers que l'on juge impardonnable, cette nature « divine » perdure. Elle a été occultée par les mauvais penchants de la condition humaine, dépit, aversion, rancune... mais elle est là. L'amant frustré qui a tiré sur sa maîtresse se retrouve aux assises, anéanti. « Comment ai-je pu en arriver là ? se demande-t-il. Ce n'est pas moi, ça... » Le violeur pulsionnel passible d'un traitement psychiatrique, ce n'est pas sa nature pure qui a agi, mais c'est elle qui parfois fait craquer certains monstres en plein tribunal comme si une lueur, dans leur enfer, rendait fugitivement à leurs yeux leur défense insoutenable. Cela n'implique pas qu'il faille les libérer et mettre ainsi de futures victimes en danger, cela signifie qu'on n'a pas le droit de les haïr. On a vu ainsi des parents pardonner à celui qui avait fait périr leur enfant, ou pour le moins prier pour son âme. C'est le comble de la compassion... et un pas de géant vers l'Éveil.

Sans aller jusqu'à ces cas extrêmes, et pour bien montrer que nous connaissons parfois, d'instinct, l'existence de notre nature pure – que nous appelons, nous, notre nature de Bouddha –, certaines expressions se révèlent confondantes. Pourquoi, lorsque la colère vous porte à des décibels et à des phrases ignominieuses que vous regretterez très vite, dites-vous en guise d'excuse : « J'étais hors de *moi* » ? C'est qui, ce moi-là, sinon votre bonne nature, paisible, dénuée de perturbations mentales et d'agressivité ?

Que vous ayez à effacer certaines taches de votre passé cosmique, en tout cas, ne fait pas de vous un être intrinsèquement malsain, malhonnête, méprisable. Serinons-le : la nature pure de votre esprit demeure. Voilà qui devrait vous redonner confiance, non ?

« En attendant, insiste une de mes élèves, je ne peux m'empêcher de penser que si j'ai été une fille mal aimée, c'est que j'ai moi-même maltraité mes enfants dans une autre vie. »

Pas nécessairement.

Le karma ne fonctionne pas de façon simpliste

J'insiste, car cela me semble important : le karma n'est pas un système de punitions-récompenses.

Si vous vous êtes montré honnête, généreux et bénéfique dans votre vie présente, en tant que maire ou député, par exemple, vous ne serez pas pour autant président de la République dans une prochaine étape karmique. Vous serez peut-être moine mendiant, qui sait, et très heureux de l'être puisque vous vous retrouverez sur les sentiers de la libération du mal !

Quant aux « punitions », ce n'est pas non plus œil pour œil, dent pour dent. Nous ne pouvons pas savoir, dans les temps immémoriaux de notre traversée laborieuse des existences, ce qui a généré l'état malheureux dans lequel nous nous trouvons aujourd'hui. Mon élève, enfant mal aimée, n'a peut-être pas maltraité sa progéniture ; elle a pu abuser d'une position dominante sur des êtres faibles et sans défense, qu'elle a ignorés, méprisés, laissés à l'abandon... Comme cette petite fille qui, dans son existence actuelle, pleurait en cachette sur sa solitude sans même avoir, pour la consoler, un nounours apaisant que personne n'avait eu l'idée de lui offrir.

Alors ne perdons pas de temps à imaginer qu'on a été Ivan le Terrible ou Ravaillac pour expliquer nos misères présentes. Acceptons simplement la loi, si inflexible soit-elle. Je l'ai dit, j'ai perdu un fils au seuil de sa vie d'homme, c'est une souffrance indescriptible. Mais il m'a bien fallu la supporter, et me dire que quelque chose, dans mes existences passées, avait généré ce désastre. Cependant je n'ai pas cherché à déterminer ce « quelque chose », puisque c'est impossible. Je n'ai pas voulu non plus ajouter à la douleur le poids de la révolte, ni de l'égocentrisme conservateur. Je n'ai pas dit : « Mon fils est avec moi, je le garde dans mon cœur. » C'eût été lui offrir à ce moment-là une prison délabrée. J'ai suivi les Enseignements : j'ai prié pour sa pérennité et pour qu'il s'envole vers d'autres chances…

Une des clés de la progression dans le *samsara* réside là : accepter les malheurs qui vous frappent sans en vouloir aux autres qui s'en trouvent épargnés, à la terre entière et à Dieu. J'ai quand même entendu plusieurs fois dans ma vie des êtres sensés s'exclamer : « Je ne crois plus en Dieu depuis que ma mère est morte » ! Toutes les mères du monde meurent et eux se seraient cru préservés de ce deuil ? Ce n'est pas sérieux. Pleurons, laissons-nous aller sans honte à l'expression de notre chagrin, c'est un bon exutoire. Mais n'y ajoutons pas la souffrance provoquée par des rébellions inutiles, ni la détestation de nous-mêmes à l'idée que nous avons failli jadis.

D'ailleurs, les conséquences karmiques de nos actes se traduisent dans nos renaissances en fonction de critères autres que l'acte lui-même.

Les degrés de responsabilité

Au retour d'une soirée, vous avez écrasé quelqu'un. Vous rouliez trop vite, vous aviez trop bu, vous ne l'avez pas vu. Vous avez quand même mis fin à une vie, ce qui va marquer votre karma. Mais vous n'avez ni prémédité, ni préparé votre acte, et vous ne vous en êtes pas réjoui. Votre responsabilité karmique s'en trouve beaucoup moins engagée. Le Bouddha l'a bien précisé : pour qu'une action soit complète, quatre caractéristiques sont nécessaires. L'intention, la préparation, l'accomplissement et la finalité. Un tueur à gages réunit ces quatre conditions : il a accepté d'éliminer quelqu'un, il a préparé son matériel, accompli le forfait, et s'est réjoui du résultat puisqu'il allait toucher sa prime. Nombre de criminels d'occasion, compulsifs, ne répondent pas à tous ces critères. Leur destin karmique n'en sortira pas indemne, loin de là, mais il ne sera pas aussi alourdi que celui du tueur à gages.

Cela dit, avec le karma, on ne saurait jouer sur les mots pour obtenir une quelconque remise de peine. Trop facile de dire : « Je n'ai pas voulu ça, je ne pouvais pas prévoir », quand on a suscité un drame. Les dirigeants des grandes entreprises dont les salariés de base se suicident les uns après les autres ne sont pas des assassins en ce sens qu'ils n'ont pas tué eux-mêmes leurs employés. Mais ignorer pendant des mois ou des années la détresse de personnes poussées à la démission, tétanisées par des objectifs inatteignables et des menaces de sanction, méprisées de leurs supérieurs, c'est quand même un comportement lourd de conséquences. Les patrons « intelligents » qui se sont contentés de mettre des œillères pour mieux fixer leur ligne de rendement n'ont pas pu ne jamais y penser ! Ils ont, eux aussi, mis en danger des vies et, sans avoir poussé tel désespéré dans le vide de leurs propres mains, ils ont tissé pour leur existence personnelle – actuelle ou future – une trame de souffrances et de difficultés considérables. On ne peut certes pas tout sentimentaliser dans le monde du travail, mais une règle s'impose : respecter l'être humain.

Dans le même esprit, ceux qui ont fermé les yeux sur les exactions de la Shoah et autres entreprises de destruction massive de pans entiers de l'humanité en seront tenus pour coresponsables. C'est ce que l'on appelle le karma collectif. Il en va ainsi, également, de tous ceux qui, peu ou prou, mettent en danger la Terre et ses habitants. En détruisant les dunes, les haies et les forêts, tout ce qui fait barrage aux tempêtes et au vent et qui entretient la vie. En construisant sur des zones inondables où vont un jour périr des êtres innocents. Ils n'ont pas vu cet aspect des choses, ou surtout pas voulu le voir, trop pressés de construire, de lotir, de faire du profit...

Pour chacun de nous, la loi est la même. Avoir envie de prospérer n'est pas en soi blâmable. Mais si cela implique de porter préjudice à autrui – en connaissance de cause, même si l'on prétend le contraire –, c'est inscrit. L'intention mauvaise – en l'occurrence faire du profit envers et contre tout – suffit à lester notre karma. Je dirais même plus...

L'intention prime tout

La haine attisée peut transformer des agneaux en loups. Le besoin de vengeance peut nous amener aux pires égarements. Et si nous n'assouvissons pas ces pulsions lors de notre présent passage sur terre, nous les embarquerons avec nous dans nos futurs voyages.

C'est aussi une des formes que peut prendre le karma. Les effets de nos pensées destructrices ne viennent pas nécessairement à maturité dans cette vie. Mais si je traîne en moi des graines de violence, d'agressivité, de nocivité ou de simple malveillance, lorsque je renaîtrai je les apporterai dans ma corbeille de nouvelle venue ici-bas. Et je vais courir le risque, alors, d'aller là où mes tendances m'auront portée : dans une problématique de malfaisance dont il me sera très difficile de sortir.

Voilà qui devrait nous inciter à nous méfier de la force des pensées négatives quelles qu'elles soient, car elles peuvent nous mener à des actes contraires à notre nature pure, et à notre bonheur.

Dans nos existences futures, mais aussi aujourd'hui et maintenant.

Le karma se réalise parfois dans notre vie actuelle

On n'a pas toujours à attendre cent sept ans pour recevoir le coup de bâton en retour. Bien sûr de nombreux êtres nuisibles passent à travers les mailles du filet, mais l'adage bouddhiste selon lequel « l'intention commande le résultat » se vérifie aussi – souvent – à l'intérieur même d'une vie. En d'autres termes, un projet que vous avez initié avec de mauvaises intentions risque fort d'aboutir à l'échec.

Vous tenez une boutique de prêt-à-porter de luxe qui marche très bien, malgré ce concurrent que vous détestez et qui vient de s'installer à trois cents mètres de chez vous. Un jour, vous apprenez qu'un autre magasin est à vendre, tout près de celui de votre rival. De quoi faire une seconde boutique d'accessoires de mode, sacs à main, foulards, gadgets charmants, bijoux dans le vent, montres, colifichets. Vous en rêvez ! Et bien sûr, « l'autre » a envie de l'acheter, cette future caverne d'Ali Baba. Eh bien non ! Il ne l'aura pas. On va voir ce qu'on va voir ! Vous vous précipitez, vous surenchérissez au-delà du raisonnable, vous ouvrez le magasin de vos fantasmes... dont ce sinistre individu (ce sont les mots qui courent dans votre esprit faussé) profite directement. Au bout du compte, vous revendez à perte... À la limite, vous dire que vous l'avez bien cherché relève de la simple faculté de jugement : deux sous de bon sens vous auraient permis de prévoir cette déconvenue. Mais c'est aussi du bouddhisme ! Votre intention d'achat répondait à l'envie, à la jalousie, à la hargne. Elle a complètement altéré votre conception des choses et vous venez de payer cash vos mauvaises pensées.

Vous étiez un artisan talentueux, votre équipe fonctionnait à merveille, les clients ne tarissaient pas d'éloges, vous aviez une réputation formidable. Vous n'étiez pas un grand homme d'affaires, vous le saviez. Vous pouviez tenir les comptes de votre PME, certes, mais sûrement pas vous lancer dans une véritable « chaîne » à votre nom. Seulement voilà : votre ego, lui, rêvait de voir briller votre nom un peu partout, justement. Vous avez emprunté, sollicité des actionnaires, investi, et très vite perdu le contrôle de ce vaste chantier où vous aviez de surcroît engagé un personnel considérable, bientôt au chômage et vous en faillite… L'intention première n'était pas bonne, le karma en a fixé le résultat. Sans compter qu'entraîner les autres dans vos idées « fausses » suppose aussi une responsabilité karmique, que vous devrez assumer.

Vous avez manœuvré tant et plus pour prendre la place d'un collègue. Pas « à la loyale » : par une habile et insidieuse campagne de dénigrement. Votre directeur étant sensible à votre assaut parallèle de séduction, vous l'avez mis dans votre camp. Votre pauvre collègue n'a pas tenu longtemps. Désolé de cette ambiance délétère, il a fini par accepter les propositions d'une firme concurrente qu'il avait déclinées jusqu'alors… et s'est retrouvé à un poste très enviable. Du coup, votre directeur a commencé à revoir à la hausse l'appréciation de ce « bon élément », et à la baisse vos propres talents professionnels. L'intention de départ ? Le désir de vous approprier le meilleur à n'importe quel prix, la fièvre de « saisie », puis la médisance comme moyen d'arriver à vos fins, le départ du collègue vécu comme un haut fait… et le karma qui rapplique : c'est vous, maintenant, qui êtes en danger.

Des histoires comme celles-ci – vraies –, il y en a des milliers. Et toutes relèvent de notre vision fausse des choses et de notre mépris de la loi karmique. Or il serait bon de nous en préoccuper dans notre vie actuelle, de cette loi. Que nous ayons à nettoyer notre ruban de continuum mental reçu en héritage implique que nous ne le salissions pas encore plus avec nos actes présents.

« C'est vrai que le karma se réalise parfois assez vite, remarque Huguette, songeuse. Les gens le ressentent confusément quand ils disent, parlant d'une personne qui leur a fait du mal : “Ça ne lui portera pas bonheur !” »

Oui, eh bien vous, Huguette, je vous conseille vivement de ne jamais prononcer cette phrase-là. Ah, ça fait du bien, je vous l'accorde ! Qu'est-ce que vous lui souhaitez, à la personne qui vous a fait du mal ? Qu'elle se retrouve sans emploi et que ses enfants crèvent de faim ? Qu'elle se casse une jambe, passe sous une voiture, peut-être ? Ça vous avance à quoi ? Quel bénéfice tirerez-vous de cet anathème ? Celui de ne jamais sortir de votre souffrance, et d'en provoquer de nouvelles avec vos intentions mauvaises, qui vont peut-être susciter des actes déplorables…

« Oui, on sait, vous l'avez déjà dit. »

Certes, mais une des caractéristiques des Enseignements est justement de répéter dix fois, cent fois la même chose, pour que cela finisse par faire partie de votre façon de penser. Les Enseignements sont relativement limpides, certaines des vérités qu'ils rappellent se révèlent incontournables, on l'admet sur le coup et puis on oublie. Donc, *bis repetita placent* : vous allez entretenir par vos rancœurs et vos désirs de vengeance un climat qui vous empêchera de progresser dans votre vie – matérielle et spirituelle – et vous alourdirez votre passif karmique. Alors, la personne qui vous a fait du mal, fichez-lui la paix, laissez le karma se débrouiller avec elle – ou l'inverse – et occupez-vous de vous. Dans ces cas-là, c'est tout le contraire de ce que vous avez dit qu'il faut faire.

Bouclez le karma des situations néfastes dès maintenant !

On vous a fait souffrir, on vous a trahi, votre patron vous a mis à la porte injustement, votre femme vous a quitté ? Tous ces malheurs vous ont causé d'autant plus de peine que vous aimiez profondément les êtres qui les ont provoqués ? Bouclez le karma. C'est du passé. Vous pouvez aller aux prud'hommes pour faire valoir vos droits en cas de licenciement abusif, exiger de voir vos enfants comme cela vous est dû la plupart du temps en cas de divorce, mais pour le reste, tournez la page. Je sais, c'est facile à dire, difficile à faire. Mais n'oubliez pas qu'entretenir votre souffrance ne fera que l'augmenter. Et surtout, fuyez le ressassement haineux, l'aversion obsessionnelle, la rancune. Encore une fois, les pensées ont une force incroyable. Les vôtres, présentement, ne peuvent que vous pousser à des actes de basse revanche, ou vous empêcher d'avoir confiance en d'autres êtres. Vous connaissez la formule : « Maintenant, je n'ai plus confiance en personne. » Vous tenez à vous priver de toutes les opportunités bénéfiques de la vie ?

« C'est curieux ce que vous dites là, me confie un auditeur à l'issue d'une de mes conférences. J'ai connu une situation de ce genre. Mon meilleur ami m'a trahi, d'une façon que j'ai jugée intolérable, me piquant un projet d'envergure dont je lui avais parlé en détail. Il est architecte, comme moi. Il m'a pris de court et a eu la commande. Avec mes idées, mes plans que je lui avais transmis pour qu'il me dise ce qu'il en pensait. Nous avions derrière nous vingt ans d'amitié radieuse, je ne me suis pas méfié... J'aurais voulu lui souhaiter tout le malheur du monde, mais je n'ai pas pu, c'était mon ami... Seuls la colère et le ressentiment m'habitaient, sans désir de nuire. Cela suffisait cependant à me pourrir la vie. Il ne m'a pas présenté la moindre excuse et s'est défendu de m'avoir spolié avec la plus arrogante mauvaise foi. J'ai failli en tomber malade. Mais comme je n'ai même pas réussi à aller lui casser la figure, comme j'ai prié – je suis catholique – pour que l'on m'apporte la paix, petit à petit le mal s'en est allé. Je suis resté triste un certain temps, mais je n'ai plus souffert. En revanche, cet homme a totalement disparu de mon univers affectif. Je ne le renie pas, il existe, il a été un compagnon de route précieux pendant des lustres, je ne lui souhaite rien de mauvais, je continue de le saluer dans nos réunions professionnelles, voire de le défendre si on l'attaque injustement, mais c'est fini. Je suis passé à autre chose. »

Eh bien voilà : ce monsieur a bouclé le karma de cette amitié traîtresse. Il n'est plus encombré, il peut même éprouver de la compassion à l'égard de son ancien ami, il est libre !

J'ai vu plusieurs cas de ce genre. Une ex-enfant battue m'a tenu à peu près le même langage, m'expliquant qu'elle avait finalement pardonné à son père, sans débordements affectifs, calmement, à la lumière des Enseignements du Bouddha. Elle a un jour considéré que son géniteur était un être humain comme les autres, enfin presque, victime de ses pulsions et qui aurait dû se faire soigner. Il ne l'a pas fait, la mort l'a fauché assez tôt. Cette jeune femme m'a dit qu'après ce décès, elle avait éprouvé l'impérieuse nécessité de couper l'énergie malfaisante qu'engendrait en elle la rancune qu'elle vouait à l'auteur de ses jours : « J'avais besoin d'oublier, d'aller me persuader que l'amour paternel pouvait se manifester sans heurts, dans d'autres familles, chez d'autres personnes. J'avais trop peur, aussi, de perpétuer cette violence et de la reproduire comme c'est souvent le cas. Alors j'ai pardonné. Après tout, j'avais peut-être, dans cette situation, un karma à faire passer ? »

Peut-être... Mais là où cette généreuse personne s'est montrée très « bouddhiste », c'est quand elle a compris – plus ou moins consciemment – qu'elle ne ferait pas passer ce karma tant qu'elle nourrirait de la rancune pour son bourreau. Elle a pardonné. Et tant mieux ! Que se passe-t-il chez certains adultes – plus nombreux qu'on ne le croit – qui ont été maltraités enfants ? Ils cultivent les images de violence et de haine qui ont envahi leur âge tendre et souvent, en effet, ils finissent par reproduire ce qu'ils ont vécu. Ils font payer à leur propre descendance ce qu'ils ont subi. Parce qu'ils n'ont pas cherché d'autres modes d'expression, parce qu'ils se sont laissé obnubiler par un tel ressassement de leur passé qu'ils en ont intégré à leur tour les détestables ingrédients.

Ne laissez pas germer en vous les graines empoisonnées des mauvais souvenirs. Les oppositions qu'on rencontre, les malheurs qu'on a subis, c'est du karma. C'est l'occasion, peut-être, d'accomplir en nous une certaine purification. Les difficultés sont passées, le malheur a cessé de sévir ? Alors bouclez le karma !

Avec les autres, mais aussi bien avec vous-même.

La culpabilisation : pas de complaisance suspecte

« Jamais je ne me le pardonnerai ! » Vous avez autrefois mal agi, et les conséquences de vos actes ne cessent de vous hanter. Et vous voilà culpabilisant, racontant alentour que ce remords vous ronge, que vous ne savez pas quoi faire pour vous sortir ça de l'esprit, que vous êtes vraiment très très malheureux, plaignez-moi !

Dites donc… Ce ne serait pas encore votre ego qui réaliserait un tour de passe-passe magistral pour vous libérer d'une culpabilisation narcissique ? Mais si, narcissique ! C'est sur vous que vous pleurez, pas sur les personnes à qui vous avez fait du tort. Vous attendez que l'on vous console, que l'on vous excuse, c'est de votre souffrance que vous souffrez, pas de celle de vos victimes, c'est sur vous que vous essayez de ramener l'intérêt général.

« Mais ce que vous dites là est scandaleux ! s'écrie Huguette. Il y a des gens qui culpabilisent sincèrement, et sans ostentation. »

Sans doute, mais cela ne sert à rien. Le bouddhisme (cent fois dit, je le sais, miss Huguette), le bouddhisme est la philosophie de la responsabilité, et de l'impermanence. Alors réfléchissez…

Vous avez eu des enfants jeune, en pleine ascension professionnelle. Vous travailliez comme un forçat. Vous voyiez rarement votre progéniture, vous intéressiez peu à son éducation et pensiez compenser ces carences par des cadeaux et un certain laxisme. Les enfants prenaient les cadeaux, profitaient du laxisme mais ne s'y trompaient pas : vous aviez d'autres urgences qu'eux. D'autres préférences. Ils en ont souffert. Le plus fragile a mal tourné. Drogue, asociabilité, impossibilité de trouver sa place dans ce monde de mal-aimants. C'est ce qu'il vous a hurlé au visage, le jour où il a frôlé le suicide. Et depuis, vous vous dites « c'est ma faute », et c'est vrai que cela vous ronge.

Sauf que vous faites deux mauvais raisonnements.

Premièrement, dans la philosophie bouddhiste, il n'y a pas de faute, il n'y a que des erreurs.

Aucun dieu ne va vous amnistier, ni vous punir. Simplement votre karma est marqué. Alors, que vous ne vous pardonniez pas à vous-même, on s'en moque. Vous pouvez regretter, ça oui ! Mais vous désespérer, à quoi bon ?

Deuxièmement : que faites-vous de l'impermanence ? Vous n'étiez pas, jeune ambitieux, le même qu'aujourd'hui. Vous aviez une vision fausse des valeurs de l'existence, ou pour le moins de leur hiérarchie. Le drame que vous venez de vivre a mis vos torts en pleine lumière, soit. Mais ce qui est fait est fait. Reste – comme toujours – à alléger ce lourd karma. Vous pouvez essayer de remettre sur une route claire votre fils égaré sur des sentes épineuses, si c'est encore possible, s'il veut encore vous voir, s'il ne vous a pas rejeté. Et sinon, vous pouvez faire ailleurs le bien que vous ne lui avez pas prodigué, les opportunités ne manquent pas dans ce domaine. La culpabilisation ne libère pas de la souffrance car elle est stérile. Encore une fois, regrettez, mais ne vous arrêtez pas là. Agissez. C'est le meilleur moyen de retrouver l'espoir et les chemins de la joie.

Laissez la place libre au soleil !

Toutes les pensées fausses – aversion, insatisfaction, rancune, rancœur, ressassement d'un passé qui fait mal – ont un effet incontournable : vous empêcher de voir où vous pourriez trouver des chemins moins embroussaillés. Tant que vous serez dans la prolifération des émotions négatives, vous ne pourrez faire aucun progrès, vous ne pourrez pas avoir « la pensée juste », une des clés majeures du parcours bouddhiste.

*

« Tout cela est très vrai, et cela fait du bien », déclare Huguette sur un ton de conclusion, comme si nous en avions terminé.

Ça, je m'y attendais ! Mais, chère Huguette (cher lecteur), vous ne pensez pas sérieusement qu'il suffit de se dire « c'est bien vrai » pour parvenir à maîtriser sa souffrance et avancer dans sa quête du bonheur ? Vous aurez beau penser avec délectation : « J'ai compris, il faut désormais que je me méfie de mes pulsions, de mes émotions, de mes *a priori*, de mon désir d'attachement et ainsi de suite », à peine ces pages tournées, vous retomberez dans vos erreurs. Cesser de souffrir est bien plus difficile que d'arrêter de fumer. Quant au bonheur, c'est du travail. Et c'est maintenant que ça commence !

III
La Noble Vérité de la cessation de la souffrance

Un effort de tous les instants

« Un effort de tous les instants… mais comment voulez-vous que l'on y parvienne ? s'insurge Huguette qui pourtant ne semble pas du genre à rechigner devant la tâche. Nous sommes tous écrasés de travail – quand on en a –, d'angoisse – quand on n'en a pas –, de soucis financiers – qu'on soit chef d'entreprise ou manœuvre –, de désespoir ambiant – la fin des utopies politico-sociales, la Terre agonisante, l'Homme rendu coupable d'avoir tué sa mère nourricière –, et il faudrait en plus, à chaque instant, faire des pieds et des mains pour fabriquer du bonheur ? »

Il ne s'agit pas de fabriquer du bonheur comme un alchimiste de l'or, il s'agit de faire cesser la souffrance. Donc d'assurer votre sécurité.

« Assurer notre sécurité par rapport au mal-être ou même au malheur ? » demande ma confidente, incrédule.

Non. Par rapport à toutes vos réactions qui le nourrissent, l'amplifient ou parfois le créent.

« Vous avez raison. C'est une façon d'assurer une forme de sécurité. »

Alors dites-moi… Quand vous recommandez à votre enfant de regarder à droite et à gauche avant de traverser une rue, s'il vous marmonnait : « Je ne peux pas, j'ai autre chose à faire, j'écoute les Tokio Hotel dans mon iPod », que lui répondriez-vous ? Qu'il n'a aucune notion des dangers qu'il encourt, qu'il risque d'être écrasé par une voiture et que c'est autrement important que les Tokio Hotel. En outre, vous lui préciseriez que ces précautions n'empêchent pas de se balader en musique, simplement il faut que ça devienne chez lui un réflexe conditionné, une autre façon de se conduire, en se protégeant.

Pour nous, c'est la même chose : nous sommes en danger de souffrance permanent. Nous avons vu que les ennuis proviennent souvent de l'extérieur, mais qu'ils atteignent des proportions exorbitantes dès qu'ils traversent nos propres perturbations. Et ce ne sont pas les soirées de détente ni même les vacances qui peuvent vraiment régler le fond du problème. Vous prenez trois semaines de congés dans les Cévennes. Pas un bruit, une nature superbe, des randonnées éblouissantes, les enfants sont charmants, votre compagne ou votre compagnon aussi. Quel bienfait, quel capital santé-bonheur pour l'année à venir ! Arrive l'heure du retour. La voiture tombe en panne en rase campagne, vous perdez un temps fou à la faire réparer, les enfants se révèlent infernaux, vous rentrez chez vous énervé(e), même pas le temps de défaire les valises, demain « il y a école ». Pour les petits et pour vous. Les petits pleurent et vous, arrivé(e) au bureau, à quelque échelon que vous vous trouviez, ne vous attendent que des problèmes. Les vacances, ça se paie. Et au bout de huit jours, il n'en reste rien.

Tandis que si vous avez appris – patiemment – à accepter l'impermanence (tout ne roule pas comme sur des roulettes dans la vie, même pas les voitures), l'égalité d'humeur qui résulte de la sagesse, et la façon de gérer votre stress sans vous montrer désagréable vis-à-vis de plusieurs collègues voire de votre chef, vous ne vous laisserez pas démolir par ces petits tracas comme s'ils représentaient un tremblement de terre.

Et cela ne mériterait pas un effort soutenu ?

*

La Noble Vérité de la Cessation de la Souffrance consiste à comprendre qu'il est possible que ça change... si vous changez. On ne vous demande pas de devenir du jour au lendemain un lama. D'abandonner votre mode de vie, vos plaisirs, votre confort. Le Bouddha vous incite simplement à entrer dans la voie de l'amélioration pour cesser peu à peu de céder aux mirages de votre ego, du besoin de tout saisir, posséder, conserver. Cesser de refuser l'impermanence, de vous paralyser dans l'insatisfaction et de cultiver des aversions corrosives. Bref, arrêter de souffrir par orgueil, colère, jalousie et de sombrer dans la peur de toute dépossession.

La Noble Vérité de la Cessation de la Souffrance, c'est la possibilité d'acquérir quelque chose de très nouveau : ouvrir la porte à la nature profonde de notre Être, c'est-à-dire pénétrer dans cette région impalpable mais délicieuse où nos mauvaises réactions, nos pulsions et tendances karmiques n'ont pas cours, et qui nous permettra de prendre du recul par rapport à tous ces ennemis du bonheur dont nous avons largement parlé dans la première partie de ce livre. S'engager dans la Cessation, c'est adopter, peu à peu, une nouvelle façon de voir et de penser qui nous aidera à moins souffrir, souvent pour rien. Oui, souvent pour rien ! Les malheurs de l'existence peuvent nous donner l'occasion de tirer des leçons de nos erreurs et de nous ouvrir aux autres. Mais entretenir la souffrance est une occupation stérile.

La Troisième Vérité, c'est donc la bonne nouvelle. Et l'espoir. Quand on aborde sérieusement la Cessation de la Souffrance, si l'on comprend bien ses mécanismes, on ne peut plus tomber dans la dépression. Cela ne signifie pas que toute douleur va disparaître comme se dissipent parfois les nuages, mais en maintes occasions elle sera atténuée.

Seulement bien sûr, pour en arriver là, les vagues intentions ne suffisent pas. Un effort se révèle nécessaire. Un effort soutenu : vous n'allez pas vous guérir de tous vos mauvais penchants sur un claquement de doigts. Vous voulez aller mieux ? Essayez. Un effort joyeusement consenti. Ne pensez pas : « Il faut absolument que je fasse ceci ou cela. » Personne ne vous y oblige. Surtout pas le Bouddha, qui ne vous demande même pas de croire à ses Enseignements mais de les mettre en pratique – *en expérience* – et de voir ce que cela donne.

Il est d'autant plus important de rappeler ce dernier conseil – mettre en expérience et seulement après, juger du bien-fondé de la démarche – que vous serez sans doute plus d'une fois agacés, au cours de l'exposé de cette Troisième Vérité. Certaines méditations vous paraîtront relever de l'ésotérisme ou d'un conte pour enfants, d'autres recommandations vous sembleront un prêchi-prêcha de catéchisme (alors qu'il n'y a rien de moralisateur dans ces invitations), et tant de domaines seront abordés que vous risquez de dire : « Elle est folle ! Je ne peux pas. »

À quoi je répondrai qu'en effet, il ne faut surtout pas vouloir tout entreprendre en même temps. Allez-y doucement, mais régulièrement. En vous disant juste qu'il est possible que cela transforme votre vie. Que des milliers d'adeptes de la philosophie du Bouddha y ont trouvé leur compte. Qu'il existe des méthodes pour parvenir au résultat. Et qu'elles sont disponibles, maintenant, à votre portée.

À condition, bien sûr, que vous soyez réellement motivés, désireux de prendre la route. Juste pour voir…

Un peu de mieux-être, pas du plaisir à la petite semaine, un mieux-être général, endémique, quelles que soient les situations et les difficultés rencontrées… Cela ne vous tente pas ?

I

Une condition indispensable : la motivation

Nous voici donc aux portes du *Dharma*, cette voie qui protège de la souffrance parce qu'elle permet de nous en libérer. Le Dharma du Bouddha est l'élément le plus précieux de la vie de ceux qui le rencontrent parce qu'il permet de délivrer l'esprit de ses égarements et autres turbulences et de le conduire vers la sérénité.

« Mais a-t-on vraiment envie d'être serein ? » ironise Huguette.

On devrait ! La sérénité ne suppose pas l'indifférence. C'est une façon d'être, calme et pure. Cela n'empêche pas l'intelligence, au contraire. Si tous les dirigeants de la planète, en plus de connaître leur métier, se montraient sereins, la face du monde en serait changée.

La sérénité, c'est le calme intérieur dénué de pollution, dans la tempête environnante. Seulement, répétons-le, elle ne s'acquiert pas en huit jours, et certains risquent de ne pas oser se lancer dans un travail qu'ils jugent au-dessus de leurs moyens. Ils vont peut-être penser aussi qu'il est nécessaire de se plier à des rites, de s'astreindre à des lectures souvent rébarbatives pour le néophyte, de se « chercher un maître », là, tout de suite. Eh bien non, pas de manière aussi péremptoire.

Votre premier maître, c'est vous

On ne cherche pas un maître, on le trouve. Il se présente à vous quand vous avez déjà fait un peu de ménage dans votre désordre intime, quand vous avez déjà accompli cet effort, et quand vous avez nourri en vous assez d'aspirations supérieures pour ressentir le besoin de vous appuyer sur un guide.

En revanche, des faux maîtres, il s'en propose à tous les coins de la détresse, de nos jours.

« Vous voulez parler des sectes ? »

Je n'emploierai pas ce terme dévoyé. Au départ en effet, le mot « secte » n'avait rien de péjoratif. Il désignait un groupe de personnes se réunissant autour d'une même doctrine, religieuse ou philosophique. En ce sens, le bouddhisme est une secte, comme le christianisme, l'épicurisme ou le nihilisme. Mais aujourd'hui pullulent des chapelles autrement suspectes qui promettent des bonheurs de pacotille – réussir dans la vie, gagner de l'argent, se libérer des contraintes – quand elles ne font pas miroiter la félicité dans des voyages extraterrestres. Et comme les gens sont prêts à tout pour saisir le prêt-à-être-heureux sans efforts, fût-ce moyennant finance, ces mouvements ont beaucoup de clients, qu'ils exploitent à l'envi. En tout cas, il n'y a aucun chemin spirituel là-dedans. Or le Dharma, même si son but pragmatique est de nous éloigner de la souffrance, suppose un chemin spirituel. Pas une croyance en un être suprême, on l'a dit, mais une pratique visant à retrouver notre nature de Bouddha – « divine » – et de faire de nous des êtres plus purs, détachés des liens qui entravent notre accomplissement, donc meilleurs. Et cela demande de s'y appliquer. « On voudrait que la spiritualité soit facile, rapide et bon marché », ironise le Dalaï-Lama. C'est impensable ! Il faut y mettre du temps, de la persévérance, et de la modestie.

Aussi, pour nos premiers pas dans cette voie de progression, notre maître, ce sera simplement nous. Notre nature profonde qui sait ce qui nous convient et ce qui nous empoisonne. Considérez le Dharma comme un remède. Suivez les conseils de mon lama bien-aimé, le Vénérable Thoubten Yéshé : « Soyez votre propre thérapeute. »

Maintenant, si vous avez besoin d'un support plus savant (plus valorisant pour votre ego ?), vous le découvrirez dans les Textes traditionnels : les Sutras du Bouddha. Seulement je vous signale qu'ils se comptent par milliers, regroupés en cent huit volumes ! Il faudra vous rabattre sur une partie de ces Enseignements, présentés par les disciples de l'Éveillé qui les ont étudiés, et correctement transcrits. Mais n'est-il pas un peu tôt pour entreprendre pareille lecture, seul, sans interprète ?

Plus modestement, vous pourrez aller recevoir des enseignements, comme il en est donné dans notre monastère de Chokhor Ling, et dans de nombreux autres lieux réservés à l'accueil des aspirants à l'Éveil. Ces enseignements proviennent directement des maîtres spirituels du Tibet, ce vieux pays qui a conservé l'intégralité de la parole du Bouddha, et sa pureté. L'invasion du Tibet par la Chine et la répression de toute manifestation religieuse a été et demeure une tragédie pour les Tibétains, et une fabuleuse opportunité pour les Occidentaux. En effet, beaucoup de grands sages, chassés par les événements et les représailles, sont sortis de leurs grottes ou de leurs monastères et sont venus répandre les Enseignements aux États-Unis et en Europe, installer des monastères, fonder des communautés religieuses ou laïques.

Mais encore une fois, pour vos débuts, une mise en expérience par vous-même, seul(e), me paraît nécessaire, et vous pourrez en constater l'efficacité. À condition de vous y consacrer jour après jour. Le Dharma, c'est du quotidien.

Un bon moyen de vous décider : l'inventaire de vos perturbations

Nous connaissons nos principaux ennemis : l'ignorance (de notre vraie et « belle » nature), l'égocentrisme, le désir-attachement, le refus de l'impermanence, l'insatisfaction, et la propension à rendre les autres responsables de tous nos malheurs.

« Ça, on l'a compris, s'impatiente Huguette. Et on va re-philosopher là-dessus tous les jours ? »

Pas du tout. Enfin... pas directement. On va juste réfléchir et méditer sur les souffrances qu'engendrent ces mauvaises dispositions d'esprit et tenter de les maîtriser. « On a compris ? » Oui, l'espace d'un moment. Mais l'esprit est volatil, il va et vient au rythme de ses tendances. Et seule la mise en expérience *précise* permet de se rendre compte à quel point tout ce qui nous perturbe et fait mal relève de notre vision fausse des choses et de nos tendances négatives. Et l'on ne voudrait pas y remédier ?

Cela vous amuse d'être colérique ? De risquer la crise cardiaque chaque fois qu'on vous contrarie ? De voir fuir votre entourage qui ne peut plus vous supporter, de vous étonner que vos employeurs, employés, amis se lassent de vos accès de fureur ? Or c'est quoi, la colère ? C'est l'ego sûr d'avoir raison, le refus de tout changement, l'insatisfaction et l'espèce de paranoïa qui consiste à penser que les autres prennent toutes leurs décisions nécessairement contre vous.

« Il existe quand même des colères légitimes, face à l'oppression, l'injustice, des indignations "altruistes", qui incitent à lutter contre toute atteinte aux droits de l'être humain », objecte Huguette.

Oui, mais ces colères-là ne s'expriment pas par des gesticulations ni par des insultes : elles servent de catalyseur à l'action. L'action non violente, si possible. Les guerres n'ont jamais rien arrangé, la concertation peut mieux faire et sinon, la résistance peut porter ses fruits. Voir Gandhi.

En revanche, le psychodrame que l'on se joue dans la colère ordinaire ne peut que nous faire souffrir. Car lorsqu'on se réveille de cet état second, on éprouve de la honte à l'égard de soi-même, de la hargne envers ceux qui nous ont vu perdre nos moyens, sans compter le ridicule qui, à défaut de tuer, nous met dans l'embarras. Donc ça mérite que l'on s'en occupe.

Il en va de même pour toutes nos émotions négatives. La jalousie, c'est l'attachement, la saisie, le report de la faute sur l'autre, celui qui vous a quitté, celui qui a obtenu une faveur que vous revendiquiez, celui qui a plus de chance que vous, la jalousie se loge partout. C'est aussi le refus de l'impermanence. Tel ami vous préfère quelqu'un d'autre, plus proche de ses aspirations du moment, et alors ? La roue tourne, il a changé, peut-être que vous aussi. Mais vous restez figé dans vos réminiscences littéraires : « Parce que c'était lui, parce que c'était moi », et bien sûr, à la vie à la mort. Vous vous sentez triste ? Normal. Vous êtes aussi jaloux ? Cela se soigne.

Et ainsi de suite. Le ressentiment, le désir de vengeance, c'est l'ego outragé : « Me faire ça, à moi ! » C'est l'attachement à ce que l'on croit posséder. Ne dit-on pas : « Il m'a *pris* ma femme, ma place, mes idées » ? Nous oublions une chose...

Nous ne sommes que des locataires.
De nos biens, de nos postes, de nos amours,
de nos amis, de notre corps, de la vie.

Ne pas l'admettre, c'est s'emprisonner dans le désir-attachement qui, bafoué, conduit à la haine, le pire des poisons.

L'aversion, elle, est parfois spontanée. Et bien sûr l'ego est son guide. « Ce type, je ne peux pas le voir ! » Pourquoi ? Parce qu'il est différent de vous, parce que certains de ses défauts vous horripilent ? Quitte, six mois plus tard, à admettre qu'« il gagne à être connu ». Sauf que vous raterez peut-être l'occasion de vous en rendre compte car à force de vous montrer désagréable à son égard, vous vous en serez fait un ennemi.

Cela dit, il se peut que cette aversion provienne d'un lien karmique.

« Ah non ! s'écrie Huguette. J'ai déjà un ami qui me rebat les oreilles avec ça ! Un type intelligent, habituellement sensé, mais qui trompe sa femme depuis peu. Et il n'a de cesse de me raconter que c'est un coup du karma. Il vient de retrouver son amour de jeunesse, une belle aristocrate proche de Ronsard que son père avait réservée à un hobereau breton. Dès qu'il l'a vue, il l'a reconnue. Il se souvient de leurs balades éperdues sur les bords de la Seine et de leurs adieux éplorés dont il ne s'est jamais remis, la preuve. J'ai renoncé à lui demander qui il était, lui, à l'époque, j'étais effondrée. Alors on ne va pas tomber là-dedans ! »

Sûrement pas. Ce monsieur, en tout cas, est un « trompeur » drôlement culotté : peu d'hommes auraient l'idée de trouver pareille excuse à un adultère ordinaire ! Néanmoins, soyons sérieux : n'oubliez pas le capital ancestral de notre continuum mental, sa mémoire. On peut éprouver de l'aversion pour tel type de personnage qui, dans notre lointain passé, nous a porté préjudice, à moins qu'il ne soit à l'image de ce que nous avons été et qui ne nous plaît guère. Mais Huguette a raison, n'entrons pas là-dedans à ce stade du travail, car c'est la porte ouverte à trop d'interprétations loufoques. Il n'empêche que l'aversion, quelle que soit son origine, c'est encore de l'ego mal géré, la méfiance systématique pour tout ce qui ne nous ressemble pas (sous-entendu qui nous est inférieur et hostile), pour tout ce que nous n'admettons pas. Et sa conséquence est souvent l'agressivité, qui peut nous mener à des actes aberrants ou immondes.

Non, l'enfer ce n'est pas les autres.
C'est nous tels que nous les refusons.

Alors que nous devrions apprendre à les aimer. L'amour « préconçu » pour tout le genre humain est une source de bonheur certaine. Ce n'est pas de la niaiserie, mais un *a priori* qui ouvre les portes des cœurs. Il faut donner sa chance à tout être. S'il ne la mérite pas, on agit en conséquence, mais se méfier systématiquement au départ d'une rencontre ou d'une relation est inepte. Nous en reparlerons…

Et l'avidité, ça ne nous empêche pas de dormir ? Vouloir ce château, ce statut, la position sociale de tel ou tel ? Ce peut être juste de l'ambition, tant que ça reste dans nos moyens. Mais si c'est « à tout prix », celui de notre santé, de l'honnêteté, du respect d'autrui, cela relève encore de la saisie et de la volonté de puissance. Si l'on mettait autant d'ardeur à réfléchir à ce que nous coûtent certains besoins déraisonnables, on consommerait sûrement beaucoup moins d'anxiolytiques.

L'ego tout-puissant, enfin, est sans doute ce qui anime le mieux toutes nos émotions néfastes, ce qui fausse tous nos raisonnements. En plus, il nous prive d'une ouverture d'esprit intelligente sur la vie, d'une aspiration supérieure permettant de prendre du recul, de dominer nos états d'âme (drôle de terme pour désigner notre psyché déréglée), et alimente la plupart de nos souffrances. Sur cela aussi, il faudra se pencher.

Et ne dites pas que vous n'avez pas le temps !

On a plus de temps qu'on ne le croit, tout le monde le sait mais personne ne l'admet. Je ne vais pas faire des pages là-dessus : ce serait déboiser des forêts pour étaler des évidences. La télévision est parfois un excellent moyen d'information, mais à d'autres moments un abêtissement ou un soporifique dont on pourrait utilement se passer. La fête est un excellent exutoire... jusqu'à ce que tard dans la nuit l'alcool rende ses participants idiots, même s'ils se prennent alors pour les rois du monde. La conversation se révèle souvent enrichissante mais le vain papotage est du temps perdu, et même du temps gâché quand il se teinte de médisance, L'entretien de son corps dans les salles de gym, ce n'est pas moi qui vais vous le déconseiller, mais si cela devient obsessionnel et narcissique, ce sont quand même beaucoup d'heures consacrées à la vanité.

Donc du temps, on peut en trouver pour cette « gym » particulière de l'esprit proposée ici, qui pourrait nous libérer de contractures douloureuses d'un autre ordre et d'une autre envergure : nos souffrances.

Et puis soyons clairs : on ne vous demande pas de méditer pendant des jours et des nuits sans manger, boire ni dormir comme le font certains grands lamas : on vous propose de vous surveiller du coin de l'œil, de prendre en considération les Quatre Nobles Vérités, de mesurer les conséquences de la mauvaise expression de vos émotions. Bref, de faire attention.

L'attention se superpose au temps

Une Vénérable Nonne, maître zen, était sur le point de mourir. Toute la communauté se pressait autour de son lit pour recueillir ses derniers enseignements.

« Que devons-nous faire maintenant ? Quel est le secret fondamental de la vie ?

— L'attention. »

La voix du maître s'était élevée, limpide, comme si rien de particulier ne se passait, alors qu'elle allait quitter ce monde. Les disciples insistèrent :

« Oui, mais n'y a-t-il pas une pratique surpassant toutes les autres ?

— L'attention », redit-elle.

Ils mirent cette répétition sur le compte d'une faiblesse soudaine et insistèrent encore :

— L'attention à notre maître, au Bouddha, aux Sutras ? »

Et ils obtinrent l'ultime réponse :

— L'attention et rien d'autre. »

L'attention aux Enseignements des Quatre Nobles Vérités, bien sûr, mais aussi l'attention à tout ce qui concerne nos raisonnements et nos réactions, à ce qui se passe dans l'instant présent. Il va falloir maîtriser les errances de notre esprit dans la méditation de base (quelques minutes suffiront au départ), décrypter nos émotions et penchants négatifs dans la méditation analytique (plus long je vous l'accorde, mais ô combien révélateur) et surtout, nous observer, voir comment nous réagissons « dans la vie », comment nous nous laissons repiéger par l'avidité, l'orgueil, la rancœur et autres propensions néfastes à empêcher notre bonheur.

Et cela ne prend pas un temps mesurable, parce que cette surveillance s'exerce pendant nos diverses activités. Un entrepreneur de travaux, en arrivant sur son chantier, va s'apercevoir en un clin d'œil que le brisis du toit de gauche est terminé, que l'échafaudage en face n'est pas encore monté, que tel couvreur prend des risques en jouant les funambules sur le toit, sans avoir dû se lever une demi-heure plus tôt pour autant. Pour nous, c'est pareil. Un bonjour peu amène à une personne qui ne vous plaît guère : tiens, je ne suis pas encore libéré(e) de mon aversion. Un petit pincement au cœur pendant qu'on félicite la responsable des plissés d'une robe de haute couture alors que c'est vous qui l'avez dessinée, cette robe : tiens, je croyais que je ne connaissais pas la jalousie ? Ces rappels participent au travail sur nous-mêmes mais ils ne grignotent pas nos minutes : ils font un jour partie de notre processus mental de guérison.

La réflexion : un courage récréatif

Elle se fait pendant vos temps libres, vos temps de repos, et n'entre donc pas davantage dans l'espace temporel où tout est déjà occupé. Et après l'attention, elle s'impose. Elle n'implique pas de se contempler le nombril pendant des heures, mais de s'octroyer le loisir – et l'amusement, si l'on a un peu d'humour et suffisamment de recul – de mesurer la différence entre nos bonnes résolutions – fruits de l'écoute des Enseignements – et nos actions. Histoire de redresser la barre, de ne pas laisser le bateau dériver. Et ce régulièrement, cela va de soi. La pratique du bouddhisme exige la régularité.

« Et aussi une forme de courage, remarque Huguette, que je soupçonne d'avoir fait un bon petit bout de chemin depuis le début de ces entretiens. Parce que réfléchir, c'est terrifiant ! On pense, ça oui, volontiers. À son travail, à ses proches, à la politique, à la Terre, on a des idées sur tout. Mais réfléchir… Sur la vie, sur l'impermanence, sur la mort, sur nos erreurs, sur tout ce qui reste à faire pour nous améliorer, sur la vanité de nos préoccupations, parfois… Cela donne le vertige… et peut provoquer le découragement. »

Eh bien pour éviter de baisser les bras avant d'avoir commencé, pensez à ce que vous pouvez gagner, dès maintenant (je veux dire au cours de la vie actuelle), en vous lançant dans cette aventure.

Vous hésitez ? Songez aux bienfaits de la thérapie

D'abord, vous allez prendre soin de vous. Pas seulement sur le plan physique. Certes vous savez soigner vos bobos, votre peau, votre ligne, votre aspect. Mais moralement, vous faites quoi ? Que faites-vous pour soigner vos penchants nocifs et leurs conséquences douloureuses ? Ici, l'occasion vous est donnée de vous guérir de ce qui vous fait mal.

Premier avantage : fréquenter le meilleur de soi-même

Être à l'écoute de cette « belle » nature en nous, qui doit nous servir de référence. Là, la rancune, l'aversion et autres poisons antibonheur n'existent pas. À la lumière pure de ce projecteur, nous allons pouvoir débusquer ce qui entraîne nos maux. Garder la conscience du changement sans en prendre ombrage, se reposer dans la patience contribuent à détendre autant votre esprit que vos traits. Le ressassement, l'insatisfaction, la rancœur n'ont jamais embelli personne.

Deuxième bénéfice : ne pas replonger dans les mêmes erreurs

Pourquoi est-ce que je me retrouve toujours dans des coups tordus ? Pourquoi tout ce que j'entreprends se termine-t-il si mal ? Pourquoi est-ce que je retombe à chaque fois sur le même type d'homme (de femme) qui au final ne me cause que des désillusions ?

Ce n'est pas le fait du hasard, mais de vos inclinations karmiques, et de votre nature multiple, qui ne choisit pas toujours la bonne route. Personne ne vous a bousculé pour que vous « tombiez » sur cet homme, par exemple. C'est vous qui l'avez choisi, séduit, ou pour le moins accepté. En fonction de vos tendances et de l'un de vos ennemis intimes. L'ego : vous montrer au bras d'un séducteur qui vous a fatalement quittée pour une autre. L'insatisfaction : vous réfugier sur l'épaule d'un papa de rechange qui allait faire de vous une grande et n'a pas tenu ses promesses parce que vous *n'êtes pas* une grande dans le sens où vous l'espérez. Toutes les starlettes qui ne tombent curieusement amoureuses que de metteurs en scène ne deviennent pas nécessairement des comédiennes inoubliables.

Si, au fil de la méditation, de la réflexion, et en écoutant votre nature pure, au lieu de gémir vous vous demandez : « Comment fonctionne mon esprit pour que j'en arrive toujours au même point ; qu'est-ce qui, en moi, cause ces déboires ? », vous cesserez de cumuler ces désagréments qui n'ont rien à voir avec la malchance ou le destin.

Troisième espoir : avoir moins peur

La peur est liée à notre humanité, à la conscience de nos fragilités. Mais aussi à tous nos attachements excessifs. Peur de ne pas « réussir », de perdre les choses, les êtres, la santé, la vie. La sage réflexion qu'engendrent l'écoute ou la lecture du Dharma va nous permettre de relativiser, de ne pas nous cramponner à des leurres, d'apprendre un certain détachement bénéfique (je l'aime trop, dites-vous ? Eh bien aimez-le moins, mais mieux !). Elle va nous aider à traverser le *samsara*, non pas dans la béatitude et dans l'absence totale de craintes – nous n'en sommes pas encore à l'approche de l'Éveil – mais dans un bonheur moins menacé puisqu'il sera moins lié aux contingences, car inhérent à une nouvelle manière d'être.

Vous voulez bien essayer ? Alors commençons la pratique.

2

La méditation : pratique fondamentale du Bouddhisme

Dans la tradition tibétaine, l'art de la méditation doit être une priorité. Parce qu'il va nous permettre de « tenir » notre esprit, ce cheval fou qui nous entraîne dans les marécages de nos tendances ennemies où le bonheur s'enlise. Je vous épargne la liste : vous la connaissez désormais.

« Tenir » son esprit ? s'étonne Huguette.

Eh oui ! Et c'est toute la différence. La méditation n'est en aucun cas de la relaxation. Celle-ci est un exercice excellent, très utile si l'on veut libérer ses muscles, sa respiration, son système nerveux de toutes les tensions que provoque la vie moderne, surtout le stress professionnel. À la fin de cet exercice, par voie de conséquence, l'esprit est détendu. Dans la méditation, au contraire, l'esprit doit être, non pas tendu bien sûr, mais *tenu*. C'est l'apprentissage de la concentration. Ceux qui vous annoncent, l'air béat : « En méditant, je pars ailleurs, dans une sorte de trip évanescent » ont tout faux. Méditer, c'est être totalement présent à ce qui se passe à l'intérieur de soi. Il ne s'agit pas moins que d'accéder à cette part de nous-même non polluée par l'ego, la jalousie, le manque de confiance, l'orgueil et ainsi de suite… Un terrain neutre, en somme, où nous pourrons ensuite nous fixer sur tel ou tel sujet – une douleur physique ou morale, une dépendance, une façon d'agir néfaste, une quelconque difficulté –, sans que notre jugement soit faussé. Parce que nous aurons la vision claire de nos propres réactions, et de la situation en général.

Inutile de vous préciser que se dire, un jour de temps à autre : « Bon, je vais me concentrer et régler ce problème » relèverait d'une naïveté déplorable. C'est quand même un peu plus subtil, et cela demande de la « pratique », justement.

Mais ce n'est pas pour autant si compliqué ni irréalisable. N'en faisons pas une mise en scène ésotérique et spectaculaire ! Tout ici est affaire de bon sens. Dans un rendez-vous avec soi.

Entrer en solitude est une nécessité.

Pas pour la vie, mais pour envisager la Cessation de la Souffrance par le biais de l'état méditatif, oui. Il faut s'éloigner de l'agitation. Se retirer dans un endroit où l'on va se retrouver seul. Chez soi ou à l'extérieur, mais dans un lieu calme. Pas au milieu de la rue, du moins pour les débutants. Coupez votre téléphone portable. Et si vous êtes à la maison, oubliez le cérémonial *has been* des bougies parfumées, du décor oriental et de la musique de fond. Ne commencez pas à distraire votre esprit-cheval fou qui ne demande que ça !

La position du lotus est la meilleure,
mais vous n'êtes pas obligé de souffrir...

Cette posture du Bouddha se révèle optimale, car elle permet de profiter au mieux de la circulation des souffles créée par l'aller et le retour de la fonction respiratoire. Et dans ces souffles, il n'y a pas seulement de l'oxygène et du gaz carbonique, mais toutes les énergies liées à nos émotions et tous nos ressentis que libère le fait de respirer.

Cependant, un manque de souplesse des hanches, du bassin et des jambes peut rendre cette position pénible, voire douloureuse, ce qui nuirait au confort nécessaire dans la méditation.

Vous pouvez obtenir à peu près le même résultat en étant assis sur une chaise, les deux pieds posés bien à plat sur le sol, mais surtout le dos droit. Ni courbé ni cambré, toujours en raison de la circulation des énergies. On tient son dos comme on va tenir son esprit. La tête dans le prolongement. Pas penchée en avant comme *Le Penseur* de Rodin : on ne pense pas, on médite ! Pas de menton levé non plus : on n'a pas de défi à lancer. La tête droite, dans la ligne du dos.

Certaines personnes, au début, ferment les yeux pour mieux se couper du monde extérieur. C'est possible, surtout dans la première méditation sur le souffle, mais attention à la torpeur : vous devez rester vigilant. Pour la même raison, sauf si vous êtes malade ou trop fatigué, il n'est pas recommandé de pratiquer couché, car là, la torpeur risque de se transformer en endormissement.

Cela dit, pour certains grands sages familiers de la méditation depuis des lustres, celle-ci peut se pratiquer partout : au lit, dans le métro, au milieu d'une bagarre. Mais nous n'en sommes pas là. Commençons par le commencement.

La méditation sur le souffle : on ne fait rien, on n'attend rien, on est juste face à l'existence

On se met donc en position de méditation, en lotus ou assis autrement. Et l'on fixe son attention sur le souffle. *On ne pense pas* à la façon dont on respire, on observe, simplement. On sent l'air passer dans les narines, gonfler la cage thoracique, se répandre dans le corps : même si cette dernière sensation n'est pas biologiquement valable, ce souffle anime tout notre être. Et l'expiration entraîne, avec l'air sortant, une partie des pollutions de nos agrégats contaminés. *Vous ne réfléchissez pas* à cela, vous en appréciez seulement l'effet. Vous aspirez de l'air, l'air de la pièce, certes, mais qui vient de l'espace, vous êtes dans l'espace, votre moi se fond dans l'essence des choses.

« Dans ces cas-là, je bâille à m'en décrocher la mâchoire », me dit un élève.

C'est souvent le fait des esprits particulièrement « lourds ». Pas stupides : juste encombrés du poids de leurs émotions et tendances négatives. Bâiller représente un moyen d'alléger ce poids qui empêche d'accéder à sa nature profonde. Ce symptôme est fort courant, puis disparaît avec la pratique. Donc bâillez, ne vous en souciez pas, et revenez à l'observation de votre souffle.

« Pour ma part, la première fois que j'ai essayé de faire cette méditation, cela m'a mise dans un état d'angoisse indescriptible », m'avoue Huguette.

Normal. Se retrouver seule dans le silence et dans le vide apparent d'un pur ressenti fait entrer en conflit le mental et surtout l'ego, qui n'aime pas cette démarche d'humilité. « Qu'est-ce qu'elle est en train de me faire ? Elle va se rendre compte de l'impermanence de cette existence humaine, du ridicule de ses tracas face à sa vraie nature, celle qui perdurera après qu'elle aura cessé de respirer. Ramenons-la sur terre, ici et maintenant où je règne, où j'impose mon autorité, mon "Moi" ! » Cela n'arrive pas à tout le monde, mais pour beaucoup de personnes, il y a un moment de mal-être quand elles se mettent en face d'elles-mêmes. Pendant les premières méditations, mais aussi après, le soir qui suit, par exemple…

« Je connais, confirme Huguette. J'ai eu mon lot de nuits agitées, de souvenirs ressurgis, d'images rémanentes. »

Rien de surprenant à cela. L'état méditatif vous fait pénétrer dans les tréfonds de votre être, même si vous n'en avez pas conscience, et surtout si vous êtes doué pour ça ! Persévérez, cette réaction passera. Mais ne vous faites pas d'illusions : votre ego va continuer de se rebeller au cours des prochains exercices. « Se concentrer sur son souffle ? On va voir ce que l'on va voir ! » Et de vous envoyer mille pensées en désordre : « Zut, je n'ai pas encore posté ma déclaration d'impôts », « Comment vais-je boucler mon budget cette année ? » « Mon fils a-t-il cessé de fumer des joints ? » Les Maras[1] sont à l'œuvre, et faites-leur confiance, ils sont malins.

Comment chasser les pensées parasites ?

Ne vous fatiguez pas inutilement : on ne peut pas. Imaginez le ridicule qu'il y aurait à dire : « Et maintenant, surtout, arrêtez de penser ! » Le mental est toujours en mouvement, méditation ou non. Donc laissez venir ces pensées, mais ne les accueillez pas. Ne les repoussez pas non plus, simplement, reportez tout de suite votre attention sur le souffle : j'inspire, l'air pénètre dans ma gorge, mes poumons… Vos chères intruses iront se balader ailleurs. Un peu comme si l'un de vos proches traversait le salon où vous vous trouvez, vous voyait en pleine concentration, les yeux fermés, sourde à ses mots, que ferait-il ? Il partirait.

Et recommencez l'exercice si d'autres pensées surgissent. Dix fois, vingt fois, cent fois s'il le faut : cela s'appelle discipliner l'esprit.

Vous en constaterez très vite les premiers bénéfices. Cet effort de concentration va faire disparaître – l'espace d'un instant – toutes vos émotions négatives. Cette méditation va faire cesser la souffrance. Momentanément, certes,

1. Les Maras désignent l'esprit tentateur, le « Diable ».

mais c'est déjà énorme : cela prouve que c'est possible.

> *La Cessation de la Souffrance consiste d'abord à acquérir la stabilité de l'esprit.*

Maintenant, pour les pragmatiques désireux de résultats concrets « dans la vie », sachez que cette pratique qui exige de maîtriser sans relâche son esprit buissonnier peut rendre des services inestimables dans le travail et dans l'organisation de son existence. Combien de fois nous laissons-nous déborder, dans nos affaires, par nos tracas multiples au lieu de les traiter un à un ? Combien de fois dans la rédaction d'un rapport, dans l'élaboration d'un projet ou dans une démarche aussi banale que celle de ranger des papiers nous sentons-nous inattentifs, éparpillés, inefficaces ? Voilà qui devrait inciter les paresseux à persévérer.

Au début, méditez peu de temps, mais tous les jours

Le premier mois, trois minutes suffisent largement. Vous verrez que c'est assez long. Programmez une alarme qui vous préviendra lorsque le délai sera écoulé. Inutile de chercher à réaliser des prouesses, ce qui compte, c'est la régularité. De même que les professeurs d'éducation physique préconisent un quart d'heure de gym par jour plutôt qu'un après-midi entier de temps en temps, cette méditation sur le souffle doit être quotidienne. Il faut que cette maîtrise de l'esprit destinée à parvenir à la concentration devienne quasi naturelle si vous voulez aborder, par la suite, des méditations sur des sujets plus vastes. Trois minutes tous les jours pendant un mois, puis cinq, puis dix, les mois suivants. Quitte à élargir un peu le champ de vos ressentis.

Une déclinaison naturelle : se retrouver dans l'instant présent

L'instant présent : un des grands piliers de la philosophie bouddhiste. Parce qu'ils savent que le *samsara* est une suite séculaire d'existences où s'inscrivent le passif et l'actif de nos comportements, les émules du Bouddha, au lieu de rêver au paradis, s'appliquent à « bien vivre » chaque instant de chaque passage ici-bas. Non seulement ils savourent au jour le jour les petits bonheurs terrestres à la portée de tous, mais ils demeurent attentifs à tout ce qui se passe sur le moment. Le faisons-nous ? Ne bâclons-nous pas certains rendez-vous, qui peuvent se révéler importants par la suite, parce que d'autres occupations nous attendent ? Ne négligeons-nous pas certains avertissements parce que notre tête est ailleurs dans le temps, se rappelant l'hier, projetant le lendemain, au lieu de regarder les clignotants qui s'allument là, maintenant ? Ne gâchons-nous pas certains instants rares d'amitié ou d'amour, de découverte humaine, parce que des soucis nous occupent ? Ainsi, de distraction en distraction (au sens de se laisser distraire, détourner de ce qui devrait mobiliser toute notre attention), nous laissons filer entre nos doigts des opportunités, des possibilités de progrès dans la connaissance, quand ce n'est pas simplement le constat lucide de ce qu'est notre vie présentement.

La méditation sur le souffle nous offre une bonne occasion de reprendre possession de notre actualité immédiate. On est toujours dans l'inspir-expir, dans l'attention soutenue. On n'a rien à faire, rien à chercher, rien à déduire de quoi que ce soit. On est dans l'état de simplicité naturelle de la nature pure de l'esprit. On apprend à se concentrer sur l'instant présent.

Or cette concentration peut calmer beaucoup d'inquiétudes et vous aider à surmonter bien des déboires. Vous venez de subir une rupture ou un deuil, par exemple. Vous êtes ravagé de douleur mais l'entreprise où vous travaillez exige de vous actuellement un effort particulier. « Je ne peux pas, je n'ai pas la tête à ça », argumentez-vous, avec les conséquences que cela peut impliquer dans le monde sans pitié du management moderne… Pourtant, vous pouvez ! Si vous vous concentrez sur l'instant présent. Et l'instant présent, c'est ce dossier à boucler. Alors bouclez-le ! Vous ne vous « réfugiez » pas dans le travail, vous le faites… et vous pleurez après. C'est toujours ça de gagné sur le temps de souffrance et surtout, mine de rien, c'est déjà un début de reconstruction personnelle, après le drame qui vous a mis en morceaux.

Shiné ou le calme mental

Le calme mental : ne pas se tromper sur le sens de la traduction française de cette méditation. *Shiné* ne signifie pas qu'on va se retrouver là, tranquille, sur son sofa. Le calme mental, c'est encore la stabilité de l'esprit, mais un esprit posé cette fois-ci sur un objet précis, qui vous éloigne, mieux peut-être que le souffle, des « distractions » parasites. Un pas de plus vers la concentration.

Vous choisissez un petit objet, rond de préférence, comme par exemple une boule de deux centimètres de diamètre, en pierre, en verre, peu importe, mais relativement neutre, sans trop de couleurs ni de décorations. Vous la placez sur un support, neutre lui aussi (pas une étagère couverte de bibelots qui vont vous perturber), si possible à la hauteur de vos yeux pour éviter de baisser la tête et de risquer ainsi une certaine torpeur. Mais vous pouvez aussi mettre votre boule sur une table (non encombrée) en face de vous, vous n'allez pas déménager vos meubles à chaque méditation !

Vous êtes dans la position du lotus ou assis, comme pour la méditation sur le souffle et celles qui vont suivre, au moins pour l'instant.

Au début, vous analysez bien l'objet, sa forme, sa couleur, ses reflets, jusqu'à ce que vous le connaissiez par cœur. Puis vous n'y « pensez » plus ! Vous ne cherchez plus à savoir s'il est jaune, rose ou bleu : vous ne pensez plus à l'objet, vous le regardez, c'est tout. Vous constaterez vite qu'il est très difficile de poser simplement son regard sur l'objet sans réfléchir à quoi que ce soit, même pas à lui ! Sans compter les pensées visiteuses qui surviennent malgré tout, comme dans la méditation sur le souffle et toutes les autres : vous les laissez passer et vous revenez à l'objet. Votre regard dérive sur l'étagère, la table, les alentours ? Vous le ramenez sur l'objet ! Encore et encore ! À force de le fixer, vous verrez peut-être l'objet se transformer, devenir flou, s'entourer d'un halo de lumière. La réflexion électromagnétique ? Son aura ? Stop !

Vous n'êtes pas là pour analyser : vous regardez, c'est tout.

Deuxième temps de la méditation : vous fermez les yeux et vous visualisez l'objet au travers de vos paupières closes. Et voilà qu'il change à nouveau de forme, devient énorme, ou minuscule. Ramenez-le à sa vraie nature, celle que vous avez vue, que vous vous rappelez. Sans relâche, pendant trois minutes.

« Ce doit être horripilant, à la longue », bougonne Huguette.

Pour beaucoup, oui. Pour ceux dont le mental est en perpétuelle agitation. Ceux qui ne supportent pas de remettre cent fois sur le métier l'ouvrage. Ceux qui, lorsqu'ils doivent régler un problème, ne parviennent pas à s'arrêter sur ce qui pose problème, justement. À ce qui dérange, on veut parfois passer outre. Alors on prend des chemins de traverse. Mon subconscient sait très bien que la première chose à faire pour arrêter d'être malheureuse, par exemple, est de quitter mon compagnon devenu invivable. Mais c'est trop compliqué, trop douloureux. Alors je décide d'aller voir un ostéopathe, un fasciathérapeute, un psy. Aussi efficace, dans le cas présent, que de continuer à consulter un allergologue en s'obstinant à manger les fraises qui provoquent votre allergie...

Le but de *Shiné*, c'est d'entraîner son esprit comme un sportif entraîne son corps. Habituer son mental à rester calme, vigilant, donc apte à trouver les bonnes solutions, sans stress ni dérobades inutiles. *Shiné est un entraînement !* Qui prend du temps. Il faut au moins trois mois pour arriver à se « poser ». Permettre à son esprit de renoncer à son remue-ménage anarchique, pour voir plus clair et se concentrer sur un sujet précis.

« Et avec des paroles, en expliquant aux gens leurs erreurs, on n'arriverait pas au même résultat ? » demande Huguette.

Sans doute pas. Parce que les mots n'ont pas la même résonance pour tout le monde, peuvent être mal interprétés, donnent matière à discussion, excitent le mental au lieu de l'apaiser. *Shiné*, lui, s'adresse à notre nature profonde et vise, naturellement, à changer notre façon de fonctionner.

« Et ça marche, la méditation sur l'objet ? » insiste mon incrédule.

Eh oui ! J'en ai fait l'expérience quand je donnais encore des cours dans mon centre de remise en forme. Les élèves étaient pourtant là uniquement pour se construire un corps de rêve. Tous ces hommes en quête de musculature à l'antique, ces femmes élégantes soucieuses de leur beauté n'attendaient pas de moi que je leur parle de méditation. Pourtant, à la fin de chaque séance, je leur faisais faire un exercice, sans dire qu'il s'agissait d'une variante de *Shiné*. Une façon pour eux de se détendre, en quelque sorte. Ils étaient assis par terre, sur des tapis individuels, et je leur proposais de fixer un point, une petite tache, une latte sur le parquet devant eux. Et sans ciller ! Puis, au bout d'une minute, je leur demandais de porter leur attention sur la respiration, comme dans la méditation sur le souffle. Je les invitais enfin à relâcher toutes les tensions de leur corps. Mais attention ! Tout en continuant de fixer le point sur le parquet, en essayant de ne pas battre des cils, et en se concentrant sur leur inspir-expir. Voilà qui ne laisse guère de place aux vagabondages de l'esprit...

Au bout de trois ou quatre minutes, on arrêtait l'expérience et on en débattait. Sur le coup, la plupart, exténués, ne parlaient que de leurs difficultés à ne pas battre des cils, à ne pas penser à autre chose, à continuer de regarder ce maudit point, etc. Des considérations purement techniques, en somme. Beaucoup ajoutaient néanmoins qu'ils se sentaient fourbus, mais apaisés.

Je leur suggérais alors de renouveler cet intermède chez eux, tous les jours si possible, et de me dire au prochain rendez-vous ce qui s'était passé.

Eh bien les trois quarts d'entre eux, au moins, revenaient en s'exclamant : « C'est extraordinaire, je n'y comprends rien, mais je suis beaucoup plus serein. Je gère mieux mes soucis, ça va mieux dans le relationnel… »

Donc essayez, passez outre à l'agacement des débuts, et vous verrez…

De toute façon, sachez que ces deux premières méditations – le souffle et *Shiné* – doivent impérativement être maîtrisées si l'on veut accéder aux autres méditations axées, elles, sur des questions précises. Agir sur vos émotions perturbatrices, vos mauvaises tendances, vos peurs, ça vous parle plus que de vous énerver sur un objet dénué d'intérêt, je le conçois. Mais sans le calme, la stabilité et la concentration acquis grâce aux deux méditations de base, vous n'y parviendrez pas.

La méditation analytique : pour lutter contre nos défauts majeurs

Nous avons vu combien la colère, la jalousie, l'avidité, l'attachement, le refus de l'impermanence, l'insatisfaction et autres expressions de notre ego pouvaient engendrer de souffrances inutiles. Et à ce stade du constat, nous sommes certainement tous décidés à nous débarrasser de ces fléaux. Mais entre les bonnes intentions et leur réalisation, il y a un certain retard, non ? « Il faut que je me libère de la jalousie rancunière que j'éprouve à l'égard de mon ex-femme, vous êtes-vous juré, ça m'empoisonne la vie… » Alors pourquoi, ce matin, vous êtes-vous fracassé un doigt en donnant un coup de poing dans la porte à l'idée que cette « saleté » s'égaillait sur le torse d'un autre ? Ce n'est pas en vous faisant des promesses que vous vous dégagerez de votre jalousie tétanique, mais en travaillant dessus, et en découvrant comment vous l'alimentez.

La méditation analytique est une forme d'introspection qui vous amène à réfléchir sur la façon dont vous fonctionnez, sur chacun de vos comportements dans un domaine particulier. On ne va pas se dire : « Je vais analyser toutes mes réactions. » On prend un seul sujet. Celui qui fait le plus mal. La colère, par exemple. Vous êtes un coléreux à répétition. Pas vraiment méchant, parfois un gros nounours tout confus après ses emportements. Mais qui blesse quand même, qui provoque la peur, du mal-être, de la lassitude, des ruptures parfois. Et qui s'en trouve très malheureux. Comme ce soir, où malgré vos résolutions, vous avez sauté au plafond quand cet abruti d'Emmanuel, un collaborateur que vous aimez bien mais qui semble avoir un courant d'air à la place de la tête, vous a avoué qu'il avait oublié d'envoyer votre rapport urgent au siège de la société. C'est grave, sans doute. Mais ce n'est rien en comparaison de l'avalanche de qualificatifs dont vous l'avez gratifié, devant tout le monde, humiliation en prime. Et maintenant, vous tremblez à l'idée qu'il balance sa démission sur votre bureau demain. Parce que finalement, c'est un « élément très valable »...

« Et pourtant, toute la journée, j'ai réussi à rester calme, gardant en tête ma décision : ne plus m'énerver pour des bricoles. »

Vous en êtes sûr ? Alors ce soir, vous allez vous installer tranquillement, en position de méditant, et vous allez passer en revue cette journée. N'y a-t-il pas eu un facteur déclencheur, ou plusieurs, qui ont réactivé vos tendances colériques ? Réfléchissez... Ce matin, vous étiez tranquillement assis dans le métro à lire votre journal quand un type énorme est venu vous pousser sur votre siège pour s'installer à côté de vous. Vous n'avez rien contre les gros mais bon sang, quel sans-gêne ! Il s'est étalé sans scrupule, vous ne pouviez même plus ouvrir votre quotidien. C'est insupportable ! Vous l'avez fusillé du regard, mais cet imbécile béat n'a rien compris, et vous a renvoyé un grand sourire. Le genre de truc qui rend fou.

Puis vous êtes arrivé au bureau et bien sûr, la femme de ménage avait bousculé vos papiers. Mais qu'elle arrête de faire la poussière sur ma table de travail, cette… J'en ai marre !

C'est drôle, avant de méditer, vous ne vous souveniez plus de ces « démarrages ». Car ce sont bien des démarrages, des mises en route apparemment anodines de votre défaut rémanent : la colère. Cela commence par de l'agacement et ça relance le mécanisme. Quelque chose de terrible – une pulsion aussi familière que tenace – s'est levé à l'intérieur de vous, qui se nourrit de ces petits riens pour finir par exploser de façon destructrice. Méditez là-dessus. Pensez aux facteurs déclencheurs qui vous empêchent de suivre vos bonnes résolutions. Et n'écoutez pas les étourdis qui vous disent : « Ça fait du bien de temps en temps de laisser exploser sa colère, surtout si l'on a des raisons d'être furieux. » Parce que c'est faux. En laissant libre cours à son état colérique, on le renforce dans le temps.

Après cette première observation, réfléchissez à tous les détails qui vous horripilent chez les autres. Pas pour vous excuser, oh non ! Pour savoir comment agir. Untel vous parle sans respect, une autre débarque dans vos réunions et met le souk à tous les coups, la standardiste vous transmet vos messages une fois sur quatre…

Vous n'allez pas changer tous ces gens-là, vous n'êtes pas dans un camp de redressement. Alors il va falloir changer vous-même. Donc au lieu de vous dire : « Ça me rend malade » et d'amplifier votre rogne d'heure en heure au point d'insulter un malheureux qui se démène pour vous mais vient de commettre une bourde, décidez de dire « stop ! » à tous vos petits énervements.

Et demain matin, refaites une méditation analytique sur votre journée à venir. Pas sur ce que vous avez à faire : sur ce que vous ne devez pas faire. Mettez votre mental en éveil, et au fil des heures, ensuite, observez vos réactions. Chaque fois que vous sentez monter l'exaspération, arrachez aussitôt cette graine de colère.

Cela prendra des semaines, des mois peut-être, mais pas du temps puisque vous ferez cela « automatiquement », au cours de vos occupations. Et un jour, vous serez libéré.

*

La méditation analytique s'applique ainsi à tous nos comportements perturbateurs. L'avidité… S'endetter afin d'acheter un 4x4 antiécolo pour rouler simplement dans Paris ou Bordeaux, une montre bling-bling prétendument signe de réussite, un château à restaurer pour se donner des airs de noblesse, vous découvrirez peut-être – enfin – que cela vous gâche la vie plutôt que de l'embellir. Pas parce que c'est une évidence (pour les autres !) : parce que vous aurez analysé, dans vos méditations, les raisons profondes autant que dérisoires de votre besoin de paraître, et de consommer à tout prix.

« Je connais un chirurgien surdoué mais vieillissant qui, le jour où à force d'introspection il a admis qu'il avait perdu la main, en a fait une maladie », objecte Huguette.

Bien sûr ! Parce que se trouver incapable de réaliser les prouesses d'antan nous ramène à toutes les souffrances d'existence suscitées par nos pires ennemis : l'ego (vexé), l'attachement (à son talent, en l'occurrence), le refus de l'impermanence (on vieillit), l'insatisfaction (on n'est pas satisfait de ce que l'on est devenu). Mais si votre chirurgien parvient à passer outre à ces souffrances, il va être délivré de ses peurs (rater une opération), de ses culpabilisations (je prends trop de risques) qui le rongent et le rendent bien plus malade que le fait d'avoir perdu la main. Il pourra songer à autre chose : conférences, enseignement, livres, œuvres humanitaires... et santé à l'avenant.

« Il n'a pas besoin de la position du lotus pour en arriver là », ronchonne Huguette qui m'avoue en avoir assez de ce qu'elle appelle ces « évidences ».

Eh bien si ! La méditation – dans quelque position que ce soit – suppose la concentration et le calme mental. Or ce calme, vous ne le trouverez pas en pensant de façon désordonnée à tout ce qui vous échappe et vous rend malheureux. Dans la méditation, vous savez que vous n'êtes pas là pour souffrir et ronchonner, mais pour vous délester de vos souffrances inutiles. La différence est de taille…

La méditation analytique en marchant

À ce stade de votre évolution, vous pouvez expérimenter cette façon d'entrer dans l'espace méditatif. Vous êtes seul : pas de bavardages. Dans un paysage pas trop escarpé, sinon vous allez être distrait par les difficultés du parcours. Sur une plage par exemple, mais pas Cannes au mois d'août. Ou en pleine campagne. Vous placez votre esprit dans la marche, à un certain rythme, ni trop lent ni trop rapide. Et vous conservez ce rythme. Il va vous porter et scander votre méditation. Le rythme est un courant, qui « vide » le cerveau baladeur, mais peut laisser la place libre à un sujet de réflexion, que la marche vous permettra d'entretenir. Puis vous méditez, au rythme de vos pas, sur l'instant présent sans projection dans le futur, sur le bonheur d'être là, ou sur tel défaut ou comportement dont vous voudriez vous défaire...

Méditation pour apaiser les douleurs physiques

Je place ici cette méditation, d'abord parce que les douleurs physiques perturbent le mental, qui a déjà encore beaucoup à faire dans le programme de notre mieux-être, mais surtout parce qu'elle fait intervenir un élément précieux qu'on utilisera dans les méditations suivantes : la visualisation.

Faire appel à l'imagerie mentale peut paraître infantile. Si vous prenez au pied de la lettre les scénarii que je vais vous proposer, ils risquent de vous sembler aberrants. Pourtant ils vous aideront à résoudre, de façon subtile, certains de vos problèmes comportementaux. Et, pour l'heure, ils vont vous permettre d'avoir physiquement moins mal.

Tous les médecins vous diront que la douleur appelle la douleur. En clair, vous souffrez du dos, par exemple, donc vous vous contractez sous l'effet de cette souffrance et celle-ci, naturellement, s'amplifie. C'est pourquoi les rhumatologues vous prescrivent à la fois des anti-inflammatoires et des analgésiques. Et il faut les prendre ! Loin de moi l'idée de vous priver des bienfaits de la pharmacopée. Seulement vous ne pouvez pas vous abrutir d'opiacés ou autres antidouleurs à longueur de journée. Dans les cas rebelles, vous continuez donc à souffrir, votre dos se tend comme un arc, vos traits se tirent, vous êtes à bout.

Eh bien essayez – *en plus du traitement*, j'insiste – la méditation.

Vous vous installez quelque part – toujours selon le même processus que vous connaissez désormais. Et vous vous projetez sur le siège central de votre douleur. Entre la quatrième et la cinquième lombaire, par exemple, en cas de sciatique qui proviendrait de ce disque-là. Vous respirez comme dans la méditation sur le souffle, et vous essayez de faire passer ce souffle dans ce noyau douloureux. Bien sûr, ce noyau ne fait pas partie de votre système respiratoire mais vous insistez, longuement, pour l'inonder, le rafraîchir de cet air symbolique. Déjà, vous décontractez automatiquement tous les environs de ce disque vertébral et ce relâchement vous soulage. Ne vous impatientez pas, continuez jusqu'à ressentir, profondément, cet effet. Et sachez, au lieu d'arborer le sourire narquois de ma directrice d'ouvrage, que nombre de sportifs de haut niveau utilisent ce moyen de détente.

Dans une interview, récemment, Yannick Noah l'évoquait…

Et maintenant, concentrez-vous sur la douleur.

L'idée, c'est d'apaiser la vision que vous en avez, « la souffrance de la souffrance », chère au Bouddha. « Sois sage, ô ma douleur, et tiens-toi plus tranquille. » Baudelaire n'a sûrement pas songé à cette application thérapeutique en écrivant ce vers, mais c'est bien de cela qu'il s'agit en ce qui nous concerne ici.

La douleur est juste une réaction, elle n'est pas votre hernie discale, elle n'est que votre ressenti. Donc, à présent, cessez de focaliser votre esprit sur votre disque lombaire, même si vous savez bien que là réside le mal.

Le mal, oui, mais pas la douleur qu'il vous cause… Cette « entité douleur », vous allez la délocaliser. La propulser dans l'espace, ce lieu infini où il y a tout et rien à la fois, comme dit le Dalaï-Lama. Vous visualisez votre douleur dans ce désert plein de vide, elle n'est pas votre maladie, elle n'a plus de consistance : elle se dissout, comme toute chose, dans le néant.

« Certains lecteurs vont trouver cette mise en scène grotesque », hasarde Huguette.

Dommage… Car le domaine du ressenti échappe à la rationalité. Il faut parfois utiliser des moyens détournés pour obliger le mental à changer de méthode. Si vous dites à quelqu'un tétanisé de contractions : « Bon, maintenant, détendez-moi tout ça », il ne saura comment faire. Si vous l'emmenez sur les voies de l'imaginaire, dans un « cinéma » que votre mental adore, il a des chances d'y arriver.

« À condition que l'on y croie », ironise mon entêtée.

Non ! À condition d'accepter – sans *a priori*, sans réticence – l'expérience. Il sera toujours temps, ensuite, de décider si cela fonctionne ou non.

Si ça fonctionne – provisoirement, bien sûr, nous ne sommes pas dans le « lève-toi et marche ! » –, vous pourrez, en dehors de la méditation, continuer de tenir cette douleur à distance et en diminuer ainsi la violence. Beaucoup de grands souffrants font appel à ce stratagème.

Dans un ordre d'idées similaire, j'ai connu un homme atteint d'un cancer grave et qui – au début – supportait très mal la chimiothérapie. Sur les conseils d'un maître zen dont il suivait les enseignements, il a fait appel à la méditation. Il se mettait dans l'esprit du méditant et envisageait désormais cette chimio – pendant la séance – comme une énergie bénéfique, purificatrice, qui allait nettoyer son corps, apporter une réparation, le guérir.

Et de fait, la vitesse à laquelle il a guéri a stupéfié son médecin. Médusé par le moral d'acier et la confiance de ce patient, celui-ci a dit un jour, très sérieusement : « Sa foi l'a sauvé. » Et il ne parlait pas de sa foi en Dieu.

Voyage dans le ciel : remède contre les pensées négatives

Depuis plusieurs décennies, nombre de penseurs, psychologues et autres thérapeutes vantent les mérites de la pensée positive. Telle celle de ce malade dont nous venons de parler, qui a *positivé* son traitement au point d'accélérer sa guérison de façon spectaculaire. Dussé-je le répéter cent fois, il ne faut jamais oublier que la pensée est une force, une énergie qui génère des comportements, des actions, voire des événements. Si vous pensez profondément que votre famille est une richesse, une chance et un devoir d'accomplissement personnel, vous allez tout mettre en œuvre pour qu'elle soit heureuse. Donc elle vous aimera, et ne vous abandonnera pas. Si au contraire vous regrettez que votre femme ne soit pas aussi parfaite que vous l'espériez, que vos enfants ne réalisent pas toutes vos ambitions, vous allez manifester de façon récurrente votre mécontentement, votre déception, dévalorisant du même coup votre entourage. Et vous devrez peut-être affronter un divorce, ou le départ provocateur de votre progéniture : des *événements* provoqués par vos pensées aussi égocentriques que blessantes.

C'est dire si, tout comme les pensées positives peuvent améliorer le cours de votre existence, vos pensées négatives sont capables de susciter des désastres. Surtout si vous les cultivez au point de ressasser à longueur de temps vos indignations, frustrations, pessimisme à l'avenant.

Nous connaissons tous ces tracassins obsessionnels. « C'est plus fort que moi, dites-vous, je suis sûr que je vais me faire coiffer au poteau par mon concurrent, je connais trop ses méthodes. » Et pendant ce temps-là, vous n'affinez pas les vôtres… « Je suis convaincue que mon mari me trompe », confie à une amie cette épouse angoissée par un changement d'attitude de son compagnon. Et elle va perdre le sommeil, sa beauté, sa bonne humeur, sa tendresse. Résultat, même si son mari lui était fidèle, il finira peut-être par aller chercher une consolation ailleurs.

Si un sportif aborde la compétition avec la hantise de perdre, il ne gagnera pas. Si un chercheur se persuade à la longue qu'il ne trouvera rien, il ne risque pas d'obtenir le Nobel. Si vous commencez un travail dans un état d'angoisse tel que vous vous écriez à tout moment : « Je n'y arriverai jamais », vous pouvez en être certain, vous n'y arriverez pas. Il faut se méfier des mots autant que de ce qui vous trotte dans la tête : ils peuvent se révéler aussi nocifs que les pensées, parce qu'ils viennent d'elles. Et les deux sont des énergies.

Seulement d'où viennent ces énergies ? D'où viennent nos pensées ? De nous. Qui d'autre que nous les produit ? Personne. Je ne parle pas ici des déductions intellectuelles genre deux et deux font quatre, mais des idées que nous nous faisons sur notre vie en général. Celles-ci sont le fruit de nos états émotionnels qui, eux, émanent de notre personnalité, de notre psyché. Et notre façon de raisonner est un mécanisme qui ancre le fonctionnement de notre pensée dans des habitudes, des automatismes. Or il est difficile de faire agir un robot en dehors de sa programmation. Notre cerveau enregistre les données de l'existence, notre esprit en fait ce qu'il a *l'habitude* d'en faire. Des signaux de rappel ravivent la mémoire, tel parfum fait jaillir un souvenir, un ressentiment, une douleur, l'esprit libère le contenu de son vécu en permanence. S'il s'agit de douceurs et de joies, ne nous en plaignons pas, mais que faire de la rémanence de pensées et de réactions négatives, génératrices de catastrophes ? Attention ! Plus vous ruminez un problème qui vous angoisse, plus vous chargez ce problème de négativité et plus, vous lui donnez de la force !

Alors que faire de ces pensées négatives ? Leur barrer le passage ? On a vu que c'était impossible. Les laisser nous envahir en les subissant, résignés ?

Rien de tout cela.

Ces pensées retenues prisonnières dans le monde du mental, vous allez essayer de les libérer dans le ciel. Le ciel de votre nature pure, votre nature de bouddha, dénuée de troubles émotionnels.

En position de méditant, tranquillement assis, faites une pause quand la négativité est à l'œuvre… À l'arrière de vos paupières closes s'ouvre votre imagerie mentale, comme un écran géant qui franchit les limites du possible. Là, dans l'espace infini de votre nature profonde, un ciel tout bleu, clair, lumineux vous inonde de sa splendeur…

Installez-vous dans ce ciel, inspirez, expirez, détendez-vous… Quelque part, en bas, sur la terre du mental s'agitent vos pensées noires… Faites alors apparaître dans votre ciel quelques nuages, et projetez dans ces cumulus vos ressassements négatifs : les nuages vont les absorber et se dissoudre avec eux.

Prenez ainsi peu à peu l'habitude de ne pas « retenir » les projections du mental qui peuvent vous freiner ou vous nuire. Reprogrammez le fonctionnement de votre esprit et entraînez-le sur des voies positives. Quelles que soient les situations, il y a toujours une éventualité positive quelque part. Quand on lit certains témoignages de déportés, de femmes battues ou violées, d'enfants exploités qui s'en sont sortis malgré tout, on ne peut pas le nier. Et, dans les situations bien moins dramatiques qui sont souvent les nôtres, force est de constater que les gens optimistes, qui font confiance à la vie coûte que coûte, ont beaucoup moins de problèmes que les autres, ou en tout cas s'en relèvent mieux que ceux qui attendent toujours le pire.

« On "n'attend" pas le pire, rectifie Huguette, mais on peut le redouter. »

Certes, mais ça sert à quoi ? La peur n'empêche pas le danger, dit le proverbe. Et il y a plus grave : elle peut parfois paralyser au point de vous empêcher d'affronter ce danger, ou même de le voir.

Apprivoiser la peur : les grands moyens !

Ne parlons pas de la vaincre, ce serait très présomptueux. Seuls certains maîtres parviennent à cette tranquillité, car l'Éveil ne connaît pas ce sentiment. Mais les autres, nous autres ne pouvons espérer une victoire si totale. La peur, répétons-le, est inhérente à la condition humaine. Parce que nous sommes vulnérables – risques de maladies, d'accident, de dénuement, de vieillesse amoindrie –, nantis d'atouts plus ou moins solides pour faire face aux difficultés de l'existence – constitution fragile, manque de repères, de culture, d'aisance matérielle... De surcroît, ultime terreur, nous sommes mortels. Et plus nous grandissons, en âge sinon en sagesse, plus nous nourrissons notre peur des exemples rencontrés autour de nous qui nous prouvent que tout, en matière de catastrophes, peut nous arriver.

Seulement si nous nous complaisons dans ce genre d'angoisse, nous ne connaîtrons plus une minute de bien-être.

Est-ce à dire qu'il faille jouer les insouciants, les inconséquents, les téméraires ? Non, bien sûr. Ne pas confondre la peur et la prudence.

Je ne vais pas noircir dix pages sur la nécessité de blinder sa porte pour éviter les cambriolages – même si ça ne les évite pas toujours –, de fermer le gaz en sortant de chez soi, et de ne pas aller se balader dans les rues à 3 heures du matin avec un sac rempli d'argent et une émeraude au doigt… En revanche, redouter systématiquement un carambolage quand on prend sa voiture, la noyade si l'on va se baigner ou une glissade fatale sur le parquet de la chambre au réveil relève d'une anxiété pathologique qui enferme votre vie dans une sorte de prison.

Et qui peut parfois susciter le danger !

La peur est un concept périlleux

Tout le monde connaît cet exemple : on vous demande de marcher sur une planche de cinquante centimètres de large posée sur votre carrelage, sans tituber ni vous rattraper en mettant le pied à côté, vous y parvenez sans problème. On suspend cette même planche à un mètre du sol : vous tombez. C'est donc votre esprit qui provoque le danger de chute, pas votre cervelet ni vos muscles.

Dans un autre ordre d'idées, imaginons que vous vivez dans l'obsession d'être agressé, ce qui n'est pas nécessairement loufoque par les temps qui courent mais quand même… Vous rasez les murs, foncez tête baissée, serrez votre sac ou votre attaché-case sous le bras, sursautez au moindre bruit de pas derrière vous… Mais le type, là, anormalement tapi à l'angle de la porte cochère de l'immeuble d'en face, vous ne le voyez pas, alors qu'il s'apprête à dépouiller quelqu'un… En revanche, si vous rentriez tranquillement chez vous, sans appréhension inconditionnelle, vous regarderiez la rue, les passants – pas tous des assassins ! –, et ce personnage bizarre vous alerterait. Vous décideriez de ne pas actionner tout de suite le digicode de votre habitation, rebrousseriez chemin, emboîteriez le pas à d'autres piétons, demanderiez peut-être qu'ils attendent que vous ayez fermé la porte, un peu confus mais rassuré.

Même scénario pour la panique qui vous saisit à la veille d'un examen, d'une conférence, d'un entretien d'embauche, d'un premier rendez-vous amoureux : plus vous tremblerez, plus vous perdrez vos moyens.

« À ce tarif-là, aucun acteur ne réussirait ! objecte Huguette. Ils meurent de trac avant le lever du rideau. »

Oui, et certains ont dû en effet renoncer à faire du théâtre à cause de ça. José Artur, le fameux intervieweur radio, a dû abandonner une carrière de comédien pour ne pas avoir pu juguler cette panique qui le rendait physiquement malade. Catherine Deneuve, à qui l'on demandait récemment pourquoi on ne la voyait pas sur les planches, a répondu en toute humilité : « Le trac ! Même remettre ou recevoir un prix en public me tétanise ! »

« Et les autres, alors ? »

Ils ont apprivoisé cette peur immatérielle. Ils la connaissent, l'acceptent, mais la transcendent. Et dès qu'ils entrent en scène, elle s'estompe. Il en va de même pour ceux qui mènent une vie impossible à leur entourage avant une réunion cruciale, finissent par démontrer qu'ils vont au casse-pipe et reviennent, radieux, s'étonnant de l'inquiétude ambiante et annonçant que tout s'est bien passé. Cela ne prouve-t-il pas que la peur n'est qu'une construction mentale ?

Les peurs diffuses : les plus invalidantes

Parce qu'elles ont trait, justement, à notre condition humaine. On n'ose même pas en parler, tant on sait qu'elles sont vaines. Irrationnelles, différemment distribuées... Je demande un jour à l'un de mes élèves désireux de « se calmer » grâce à la méditation :

« De quoi avez-vous peur ?

— De tout, me répond-il. Enfin pas vraiment... Je n'ai pas peur des êtres humains, c'est bizarre, je ne crains pas d'être attaqué, par exemple. Mais j'ai peur d'échouer, de me tromper, de vieillir, de ne plus pouvoir exercer mon métier, de mourir, de ne plus être moi, quoi ! »

Eh oui, l'ego, toujours l'ego. Alors lisez ce que font faire certains maîtres bouddhistes à leurs moines et nonnes en butte à ce supplice métaphysique de la peur…

Les charniers du Tibet : une expérience radicale

Non loin de mon monastère de Golok, dans le Tibet oriental, existent au cœur de l'Himalaya des cimetières à ciel ouvert, car ici, dans la région des hauts sommets himalayens, il n'est pas question d'attaquer la roche à la barre à mine pour creuser des fosses[1]. Pas de pierre tombale, donc. À quoi bon puisque de toute façon les dépouilles des mortels ne signifient plus rien, et que seul le continuum mental des défunts va faire sa route au fil des siècles ? Les corps gisent à même le sol, ils ont été découpés avant d'être jetés dans ces charniers, pour plus de commodité sans doute, et livrés aux vautours et autres prédateurs.

1. Dans les régions de haute altitude, la crémation est réservée aux personnalités et aux grands maîtres. Pour les autres, les cimetières à ciel ouvert représentent l'ultime don de son corps dans des funérailles célestes.

Au moine ou à la nonne qui viennent lui expliquer que des peurs diffuses les assaillent – peur de la vie, de ses accidents, de ses épreuves, de la mort, de ce qui les attend, en somme –, le maître va offrir un week-end – ou plus – dans ces endroits-là. Je sais, cela peut paraître barbare mais les grands lamas s'adressent ici à des êtres qui veulent véritablement s'engager sur la voie de l'Éveil ; ils ne vous y enverraient pas, vous, c'est certain. Et selon la résistance qu'ils devinent chez l'un ou l'autre de ces religieux, ils lui prescrivent deux jours et deux nuits de méditation, parfois davantage, dans ce paysage terrifiant. Je ne suis pas en train de vous raconter une fable : des textes en témoignent.

Le moine ou la nonne se retrouve donc là, seul(e), bien évidemment, ce n'est pas une fête. Seul(e) dans le matin blafard, dans les bruits de la nuit, le vent, les hululements des rapaces, les cris lointains des animaux sauvages. Dans l'odeur pestilentielle que ses viscères dégageront un jour, devant ces bras, ces jambes, ces visages déchiquetés qui furent ce qu'il est lui, le moine, ce qu'elle est, elle, la nonne, présentement. Seul(e) face à la réalité de la vie et de la mort, la froide réalité de son corps.

Pétrifiés, ils n'ont pas besoin de fermer les yeux pour visualiser leurs peurs. Elles sont là, toutes, énormes, insoutenables mais aussi dérisoires puisque c'est cela, notre condition. Ou plutôt la condition de notre enveloppe humaine et des angoisses qui l'habitent, pas celle de notre nature profonde, immuable et dont la conception ramène peu à peu les religieux à un calme total.

Ils ne craindront plus jamais rien.

*

Huguette est blême.

« Écoutez, commence-t-elle… »

Je m'attends au pire. Je ne devrais peut-être pas raconter ce genre de chose. On va m'objecter : « Et le respect des morts, qu'en faites-vous ? » Mais nous les respectons ! Sauf que les morts, pour les bouddhistes, ne sont pas des corps mais des énergies. Des « âmes » pour les chrétiens. Et toute la philosophie bouddhiste tend justement à respecter – surtout de notre vivant – ce qui va rester de nous après le trépas.

« Écoutez, reprend ma pâlotte… C'est effroyable, inimaginable pour nous Occidentaux, non bouddhistes de surcroît, mais – et j'en suis la première surprise – cet implacable étalage de toutes nos vanités m'a procuré une sorte de recul apaisant. »

Puis, retrouvant son humour, elle ajoute, comme ragaillardie : « Je suppose que c'est ce qu'on appelle la thérapie par l'idée du pire ? »

Il y a un peu de ça, en effet. Sauf que le pire n'est jamais sûr.

Réflexion méditative – Lucidité-confiance

Face à la peur, il y a d'abord, logiquement, la réflexion intellectuelle, qui relève de l'analyse. Si vous craignez d'être mis au chômage à cause d'une délocalisation ou d'une menace de faillite, vous allez analyser la situation, mesurer le péril, et chercher des solutions de recyclage.

Maintenant, pour les peurs diffuses, préférez la réflexion méditative, assaisonnée d'un peu d'humour. « Tout peut arriver », certes. C'est ce que se disent les hypocondriaques que la moindre bricole précipite chez le médecin avec un prédiagnostic de zona pour une piqûre d'insecte, d'infarctus pour une douleur intercostale ou d'accident vasculaire cérébral pour un saignement de nez. Ils n'ont généralement rien, mais ils finiront bien par se fabriquer un ulcère à l'estomac à force de s'affoler.

Pour les autres anxiétés, le processus est le même, et le risque égal. On ne dit pas « mourir de peur » pour rien. Alors avant d'en arriver là, si une nuit l'angoisse « atroce, despotique » de l'auteur des *Fleurs du mal* vous assaille, amusez-vous à lister toutes les atrocités qui vous guettent… Vous n'en viendrez pas à bout, elles sont trop nombreuses. Et vous commencerez à mesurer le ridicule de la situation. Bonne nouvelle : vous n'êtes pas de taille à avoir peur de tout. Et il est inutile de redouter ce que vous ne connaissez pas des déboires futurs. Ils viendront de votre karma, cela s'appelle des épreuves, et vous ne les éviterez pas en vous angoissant.

« Et je fais quoi pour me désangoisser ? » interroge Huguette, agacée.

Vous méditez. Vous essayez d'atteindre la nature pure de votre être, éternelle, paisible, sage, qui sait que les événements fâcheux peuvent se produire, qui sait que vous allez mourir mais qui fait confiance à la vie. Parce qu'elle a une vue juste des choses.

« Encore une notion purement bouddhiste, ronchonne ma rebelle. Et si l'on n'y croit pas, à cette nature extralucide ? »

Écoutez, Huguette, ce livre parle des Enseignements du Bouddha, je ne vais pas vous livrer des recettes de marabout africain ! En plus, beaucoup de personnes, de toute croyance ou incroyance, ont l'intuition de cette partie d'elles-mêmes qui voit et qui sait. Quand ils se libèrent du tumulte de leurs émotions, quand ils acceptent de se poser, de se « reposer », s'ouvrent parfois pour eux des horizons plus sereins, où renaît, la respiration aidant, une forme de confiance.

La confiance : l'antidote de la peur. À quoi cela sert-il d'envisager le pire ? « À force de penser anxieusement au futur, dit le Dalaï-Lama, les hommes en oublient le présent. De telle sorte qu'ils finissent par ne vivre ni le présent, ni le futur. » Il ne s'agit pas d'être stupidement naïf, mais de projeter en soi une vision optimiste de l'avenir. Une vision-force, qui peut éloigner certaines malfaisances ou vous permettre de les contourner. « La porte la mieux fermée est celle qu'on laisse ouverte », dit un proverbe chinois.

Dans votre méditation, laissez s'épanouir la part supérieure de vous-même. Elle sait que le karma – ou le sort, ne nous querellons pa – peut vous réserver des surprises désagréables. Mais elle sait aussi que vous recelez des trésors de ressources pour les dépasser.

Visualisez cette confiance comme une onde bénéfique qui viendrait rafraîchir le feu de vos tourments. Inspirez, expirez, sortez des terreurs qui vous emprisonnent. Et si vous n'y parvenez pas seul, appelez au secours !

3
Mantras et prières : pas de miracle, mais de l'aide !

On l'a dit, mais il convient de le répéter : le bouddhisme est une philosophie de responsabilité. Nous seuls pouvons alléger nos souffrances, notre karma, et progresser sur le chemin – fût-il long – de la libération totale. Et pour nous y aider, des assistances nous sont offertes. Sauf que jamais nous ne demanderons au Bouddha : « Faites que je gagne au Loto ! » Nous le prions seulement de nous éclairer, au cours de nos réflexions, méditations et actions, pour trouver la pensée juste, et le comportement adéquat.

« Il n'empêche que vous vous adressez au Bouddha comme les chrétiens à Dieu le Père, remarque Huguette. Or le bouddhisme, vous l'avez expliqué, n'a pas de dieu conceptuel. Alors vous croyez en Dieu, oui ou non ? »

Je crois en Dieu à la manière bouddhiste, non conceptuelle, en effet. Je ne vise pas un personnage, mais l'aspect divin de toute chose et de ma nature pure. Et je prie le Bouddha non en tant que divinité mais en tant qu'être réalisé, qui nous a transmis son exemple et les Enseignements. Il y a à la fois une grande différence – car nous avons tous, selon nous bouddhistes, la possibilité de parvenir à l'Éveil à la fin de nos vies – et une réconfortante similitude : en priant, on se confie à des êtres exceptionnels – Jésus, Bouddha –, dont l'esprit transcendant, omniprésent car fondu dans l'essence des choses, peut fortifier notre volonté de progresser, dans tous les domaines. De sorte qu'un chrétien peut très bien se tourner vers le Bouddha sans renier pour autant sa religion, tout comme je peux me réfugier dans le cœur de Jésus sans avoir à renoncer à mes vœux.

« Il est quand même curieux que les émules du Bouddha, si dégagés des colifichets de ce bas monde, se livrent, dans leurs pratiques religieuses, à de tels déploiements de couleurs, costumes, richesses, fioritures et prosternations. Pourquoi tant de "formalités" ? »

Parce que, comme disait Pascal : « La forme commande le fond. »

L'apparat des cérémonies : pour sortir de la matérialité

L'esprit a besoin de rituels, de représentations, de sons, de vibrations pour s'élever, s'échapper de ses occupations terre à terre et mieux évaluer ses aspirations. Les rituels servent à impressionner notre conscient, notre subconscient, notre inconscient, notre *supra*-conscient : toutes les consciences qui sont en nous. Mais ne vous y trompez pas : lorsque nous nous plaçons respectueusement devant une statue ou une image du Bouddha, mains jointes et buste incliné, nous ne sommes pas en train d'adorer le Veau d'or, nous sommes juste en train de contempler les qualités qui sont à l'état latent en nous, et qu'on aimerait voir se manifester.

« Et quand on se prosterne devant cette statue ou cette image ? Une prosternation complète, allongé à plat ventre sur le sol ? »

Vous savez ce que ça symbolise, profondément ? L'abandon total de l'ego. Et qu'abandonnez-vous avec l'ego ? Tout ce qui vous rend malheureux et vous pourrit la vie. Essayez, Huguette !

« J'ai essayé, répond mon habituelle contradictrice, à ma stupéfaction. Je n'ai posé la question que pour les besoins du livre, parce qu'elle viendra à l'esprit du lecteur. Et au risque de susciter les quolibets de mon entourage, je dois avouer que j'ai tiré de cette prosternation non seulement un état de sérénité – provisoire mais total – mais aussi, en me relevant, le sentiment d'une force extraordinaire. L'idée de ne pas exister réduit toutes les angoisses ! »

Eh bien ! Quand Huguette se met sans le savoir à parler de vacuité, elle n'y va pas de main morte ! À une erreur de formulation près, qui prouve qu'elle est encore dans l'ego : « l'idée de ne pas exister ». Mais vous existez toujours, ma belle ! L'énergie que vous représentez, votre continuum mental sont toujours là. Ce qui n'a plus existé, pendant cet instant privilégié, c'est tout ce qui vous empêche d'accéder à votre nature pure, toutes vos pollutions internes, dont l'ego est le roi. Et c'est magnifique…

La représentation des différents bouddhas a aussi sa raison d'être.

« Des différents bouddhas ? s'étonne Huguette. Il y en a plusieurs ? »

Il y a notre Bouddha historique, le prince Siddharta, appelé Shakyamuni parce qu'il appartient au clan des Shakya. Or Shakyamuni n'a jamais prétendu être le premier bouddha, c'est-à-dire le premier Éveillé. Mais il serait trop compliqué d'entrer dans cette genèse particulière, qui est ici hors sujet. Simplement, disons que Shakyamuni est le Bouddha de notre ère, puisqu'il a créé notre religion et cette philosophie unique, nous a livré les Enseignements et continue de faire tourner la roue du Dharma, la voie bouddhique de Cessation de la Souffrance. Les autres représentations et noms de bouddhas sont des figurations des énergies « divines » – toujours au sens que confère à cet adjectif la bouddhéité –, c'est-à-dire des vertus transcendées que nous devons acquérir et dont le germe est en chacun de nous.

Et tous les atours et postures des bouddhas sont également symboliques.

Notre Bouddha Shakyamuni est assis dans la position du lotus, ils le sont généralement tous : comme je l'ai déjà dit, c'est la position idéale de la méditation. Il tient dans une main son bol de moine, et l'autre main est posée sur le sol. Il prend la Terre à témoin. De quoi ? De sa victoire sur Mara, le démon, qui a surgi lors d'une de ses méditations transcendantales, avec sa cohorte de jolies femmes pour attiser son désir sexuel, avec ses projections de colère et de jalousie, d'avidités diverses... Ces tentations rappelleront sans doute quelque chose aux chrétiens... Et Shakyamuni a dit, rejetant ces mirages : « Tout cela n'est qu'illusion, je prends la Terre à témoin de mon Éveil. »

Voyons maintenant le bouddha Tchenrézi, le bouddha symbolique de l'amour et de la compassion. Il est d'une grande beauté, parce que dans la compassion vous ne ressentez plus aucune agressivité, aucune de ces perturbations qui tétanisent le corps et crispent le visage. Il sourit, parce qu'on est nécessairement heureux quand on se consacre aux autres et qu'on les aime. Il est doté de quatre ou de mille bras suivant les représentations, pour pouvoir mieux aider les êtres. Parce que, avec quatre ou mille bras, on peut faire plus de choses qu'avec deux ! Parfaites illustrations des infinies possibilités de l'énergie à l'état pur, autant d'évocations simples mais lumineuses, destinées à vous inspirer.

Toujours dans les attributs des cérémonies bouddhistes, il y a des porteurs de vibrations, des énergies bienfaitrices, des soutiens. Les drapeaux de prière arborent des couleurs différentes selon leur fonction. Vert pour l'activité éveillée. Rouge pour le pouvoir agissant de l'amour et de la compassion. Blanc : la pureté écartant les voiles des perturbations internes. Jaune : l'illumination des qualités éveillées. Bleu : la connaissance de la vacuité, semblable à l'espace… Le *vajra*, le sceptre, c'est le symbole de la royauté du diamant de la nature pure de l'esprit qui est indestructible. C'est cette nature de l'Éveil que nous portons tous en nous et qui commence à se manifester au travers de la compassion. La *ghanta*, la cloche qui scande les cérémonies, est inséparable du *vajra*, elle représente la connaissance de la vacuité et symbolise la conscience-sagesse.

« Et les moulins à prières ? demande Huguette. Ça fait quand même un peu gadget, non ? »

Ce seraient plutôt des intensificateurs d'intentions. Les Tibétains prient pendant qu'ils tournent ces moulins, et en même temps, à l'intérieur de ces boîtes, se déroulent pour eux – à une vitesse qu'ils ne pourraient pas suivre – des mantras qui apportent un supplément d'énergie à leur dévotion. Cela dit, les mantras ne restent pas enfermés dans ces petits « gadgets », comme dit mon insolente. Les Tibétains en connaissent des centaines, qui les transportent dans des états de réceptivité extraordinaire.

Les mantras ou le langage des dieux

Tayata om mouni mouni maha mounayé soha... Tayata om mouni mouni maha mounayé soha... Tayata...

« Oui, bon ! s'impatiente Huguette au bord du fou rire. Cela veut dire quoi ? »

Aucune importance, chère impertinente, sinon que c'est la formule que l'on répète pour rendre hommage à la sagesse du Bouddha et recevoir son inspiration. La puissance des mantras réside dans les syllabes sacrées, dans leur résonance, leur rythme et les images mentales qui leur sont rattachées. Les notes jaillissent et absorbent les pensées néfastes jusqu'à produire la sérénité qui libère la « divinité » intérieure. La plupart des mantras viennent du sanscrit, la langue des dieux, dont la sonorité développe des vibrations d'une qualité supérieure à celles des autres langages. Et leur traduction littérale, quand elle est possible, ne nous éclaire guère car nous sommes dans un registre qui échappe aux mots. Un autre mantra, par exemple, *Om mani pémé hum*, signifie « le joyau dans le lotus ». Mais que veut dire « le joyau dans le lotus » ? On ne va pas ratiociner là-dessus dix ans, ce qui compte, ce sont les vibrations véhiculées par ces mots. Elles nous offrent un moyen de rencontre avec une langue ésotérique qui détient un pouvoir, parce qu'elle entre en communication profonde avec le meilleur de notre être.

C'est pourquoi d'ailleurs un mantra comme *Om mani pémé hum*, si vous le répétez pendant une ou deux minutes au début d'une méditation, va vous placer dans un état d'apaisement encore plus profond que la fixation de l'esprit sur un objet ou sur votre respiration. Ce mantra du bouddha Tchenrézi fait cesser le discours du mental et révèle peu à peu vos qualités de compassion, de sagesse et de paix. Je vous le recommande dans toutes les situations stressantes, les indignations colériques, les moments où vous ne pouvez plus maîtriser vos émotions ou supporter le tumulte et l'agressivité qui vous entourent. Les résultats sont instantanés.

Le mantra de Manjushri, lui, s'adresse à l'intellect, en même temps qu'il invite à s'en abstraire. Manjushri, c'est le bouddha de la connaissance et de la sagesse. Il tient une épée à la main pour sabrer les racines de l'ignorance. Il aide à l'ouverture de l'esprit, condition première de l'intelligence : pour comprendre, il faut accepter de recevoir divers points de vue, avant de décider. Son mantra, *Om ara patsa na dhi*, vous permet de voir clair et d'étayer vos décisions. Et il aide les bouddhistes pratiquants à ne pas se tromper sur le sens des Enseignements.

Il en existe beaucoup d'autres, bien sûr, et tout mantra peut être également porteur d'intention, surtout celui qui vous place dans l'énergie de Shakyamuni, le Bouddha vivant. La vibration profonde portée par ces paroles, *Tayata om mouni mouni maha mounayé soha*, dont l'incompréhension peut amener les ignorants à rire, est d'une puissance phénoménale pour la réalisation de vos aspirations. Mais prudence ! Là où se nicherait le ridicule, c'est dans le fait d'utiliser cette formule pour obtenir le miracle qui vous ferait plaisir, le Bouddha n'est pas là, on l'a vu, pour vous faire plaisir mais pour vous aider. Et si vous exprimez ainsi un souhait malfaisant, ce sera bien pire ! Car là, l'énergie impure va rencontrer la force de l'énergie pure et le boomerang sera pour vous terrible. Le Bouddha n'aime pas la magie noire.

En revanche, si nous demandons simplement l'intelligence et la force nécessaires pour surmonter certains de nos problèmes et pour venir en aide aux autres, le Bouddha, compatissant, ne restera pas sourd à notre appel. Une requête sincère est toujours entendue dans l'espace universel.

Les prières : nous ne sommes pas seuls

Personne d'autre que nous ne peut agir sur notre destinée, mais rien ne nous empêche de prier le Bouddha de nous aider à en trouver les moyens, spirituels et mentaux.

La prière, chez le bouddhiste, consiste à entretenir une relation privilégiée avec une forme d'énergie particulière qui a une représentation et dont le relais est en nous. Le Bouddha historique, le bouddha de l'amour et de la compassion, le bouddha de la sagesse, etc.

Elle commence toujours par une prise de refuge, une quête de protection. Ce refuge, on le trouve dans les Trois Joyaux : le Bouddha, le guide suprême ; le Dharma, la voie dans laquelle on va trouver les Enseignements ; et la Sangha, la communauté des religieux. La Sangha, ce furent d'abord les cinq disciples du Bouddha, qui ont vite fait des émules, malgré le côté révolutionnaire de leur recrutement ou à cause de lui : toutes les castes de la société hindoue y étaient admises, car le Bouddha Shakyamuni estimait que c'était la valeur morale d'un individu qui déterminait son rang, et non sa naissance. On distingue néanmoins deux sortes de Sanghas. La Sangha supérieure, celle des *Arhats* et des *Aryas Bodhisattvas*, ceux qui ont atteint la libération des souffrances, les grands maîtres passés et parfois présents ; et la Sangha des compagnons spirituels, dont je fais partie : ce n'est pas parce qu'on a pris ses vœux qu'on devient, d'un coup de baguette magique, un être réalisé. On est sur le chemin, on l'a choisi, mais on n'y marche pas forcément toujours de façon correcte, en tout cas on piétine, le plus souvent fort longtemps !

Cette prise de refuge dans tout ce qui fait la force du bouddhisme suppose et inspire une confiance totale. L'aspiration soutient la réflexion qui engage la motivation et la mise à l'épreuve dans l'expérience du quotidien. C'est de cette manière que les Enseignements vous profitent et vous donnent une confiance inébranlable, car si vous doutez, à quoi bon prier ?

Ainsi sous protection, les religieux et pratiquants laïcs ont à leur disposition d'innombrables prières destinées à guider leur journée. Le matin, par exemple, je demande la bénédiction du corps, de la parole et de l'esprit. Purifier la parole, ne pas mal s'en servir, est très important. Puis viennent les prières pour bien recevoir les Enseignements et les transmettre correctement, et d'autres encore. Le soir, je fais offrande et dédicace de tout ce que j'ai vécu de bon, en ce jour, à l'humanité souffrante.

Puisse l'esprit d'Éveil, précieux et suprême,
Naître là où il n'est pas né.
Ne pas dégénérer là où il est apparu,
Mais s'accroître de plus en plus.

Toute la communauté monastique prononce ces mots, le plus souvent possible, au cours d'une journée.

« Oui, mais ce livre ne s'adresse pas aux religieux, note Huguette. Que puis-je faire, moi, dans la prise de refuge ? »

Vous adresser directement au Bouddha, tout simplement. Avec humilité, dévotion, lui disant ce qui va, ce qui ne va pas, ce qui vous perturbe…

« Un psy ferait l'affaire, non ? »

Si vous parlez de gloser sur vos malheurs, peut-être. N'oubliez pas cependant que tous les humains sont empreints de difficultés d'être et que, pas plus que les autres, les psys n'en sont épargnés. Vous ne pouvez pas comparer un psy à un être qui a connu l'Éveil ! Par ailleurs, devant un psy, c'est souvent encore, même inconsciemment, votre ego qui s'exprime. Avec toutes les raisons qu'il a de se trouver de bonnes excuses, et de donner tort aux autres. En revanche, face à une énergie pure, c'est-à-dire débarrassée des toxines mentales, et à nos responsabilités bouddhiques, nous sommes quasiment obligés de faire une introspection sans pitié. Un exemple me revient en mémoire, banal mais édifiant. Une jeune femme se plaignait au Bouddha de sa belle-mère, qui ne la détestait pas mais continuait de se comporter comme si elle présidait aux destinées d'un gamin, son fils, qu'elle persistait à s'accaparer.

« C'est intolérable, me dit-elle. Mon mari est un médecin généraliste. Un vrai, qui ne compte pas ses heures, se lève la nuit pour visiter ses malades en urgence. On est au mois de juillet, il est crevé. Nous devions partir en vacances la semaine prochaine et tout est remis en question parce que “maman” est malade ! Ou feint de l'être, malgré des prises de sang normales, un pouls régulier et un appétit pour les petits-fours avalés en cachette, tandis qu'elle grignote à peine à table depuis une dizaine de jours. Mon mari est inquiet. Il est vrai que sa mère est âgée, mais comment peut-il être dupe à ce point ? »

Elle était donc en pleine colère. Si l'on a deux sous d'éducation bouddhiste, on sait bien qu'avec ce genre de sentiments, on n'est pas dans le droit chemin.

« Et on fait quoi ? » demande Huguette.

On se replace dans l'amour et la compassion. Cette mère abusive souffre. De ce qu'elle considère comme un manque de tendresse et d'attention : le jeune couple, en partant en vacances, la délaisse. C'est faux, mais c'est ainsi qu'elle voit les choses, d'où sa comédie de vieille maman gâteau, mais aussi gâtée.

« J'ai médité, prié… et j'ai trouvé la solution, m'a raconté l'épouse du médecin, un peu plus tard. Au fond, ma belle-mère, je l'admire et je l'apprécie. Elle est vive, courageuse et pleine de gentillesse quand elle ne joue pas les génitrices autocratiques. J'ai jugulé mon agacement, tout en gardant ma fermeté. Je suis allée la trouver et je lui ai dit : “Maman, vous êtes souffrante, on ne va pas vous laisser seule. Je ne vais pas vous laisser seule. Je ne partirai donc pas. Mais votre fils partira. Vous voyez bien qu'il n'en peut plus, qu'il a besoin de repos. Vous ne voulez pas qu'il tombe malade ? Alors je vais m'occuper de vous. Après tout, vous êtes un peu aussi ma maman à moi, maintenant, non ?” »

Désarmée, la maman… Elle n'a même pas pensé qu'elle avait été démasquée, confondue par tant de bienveillance. Le lendemain, elle se portait comme un charme et ordonnait à « ses enfants » de faire leurs valises.

« Beau rétablissement mais ce n'est pas toujours aussi simple, remarque Huguette. Il y a des moments où l'on ne sait plus où l'on en est, où les problèmes extérieurs vous assaillent, où les catastrophes se multiplient et où l'on ne se sent vraiment pas capable de se transformer au point de tout supporter avec le sourire. On aurait besoin d'un coup de main venu d'en haut. Je sais, je raisonne en chrétienne… Moi, dans ce cas, je m'adresse à Marie, peut-être parce que c'est une femme… »

Pas peut-être, Huguette. Sûrement ! Eh bien nous, nous avons Tara.

Tara ou l'ultime recours

Tara était une jeune fille qui vivait dans un monastère et qui servait les moines. Elle aspirait à recevoir les Enseignements mais au Tibet, cela ne se faisait pas en ce temps-là. Cela ne se fait pas encore systématiquement aujourd'hui, d'ailleurs… Les femmes étaient donc là pour s'occuper des hommes, faire des enfants et les élever, et ainsi de suite, on connaît le couplet. Elles pouvaient se montrer très pratiquantes – comme Tara – mais ça n'allait pas plus loin. Cependant, Tara était si précieuse aux moines qu'ils finirent par accepter de lui enseigner quelques bribes de l'héritage du Bouddha.

Le supérieur du monastère lui avait dit néanmoins : « Je te conseille de prier pour renaître en tant qu'homme car là, tu pourras vraiment accéder à la vie spirituelle. » Et Tara avait répondu, choquant le vieux lama : « Il n'en est pas question. Je vais suivre tous tes autres conseils, manifester le plus de dévotion possible à l'égard du Bouddha, mais je vais prier pour renaître… en tant que femme ! Afin d'aider les êtres comme seule une femme peut le faire, dans l'esprit d'amour féminin, et maternel. »

Et par la transformation de son esprit en atteignant l'Éveil, elle est devenue, en effet, la mère de tous les Tibétains, un bouddha féminin ! Qui peut intervenir si un jour on a un besoin urgent d'une chose importante et qu'on ne sait pas comment l'obtenir, si un tourment devient intolérable, bref si l'on a besoin d'un vrai coup de main, comme dit ma confidente. Regardez sa posture, Huguette. Elle est assise, une jambe repliée mais pas l'autre, alors que la plupart des bouddhas sont dans la position du lotus. L'autre jambe est en avant, dirigée vers le sol, comme si elle était prête à se lever pour venir à notre secours. Tenez, je vous offre son portrait, ce petit cadre, là-bas sur l'étagère. Vous le voyez ? En bas est inscrit le mantra de Tara : *Om tare tuttare ture soha.*

« Merci, dit Huguette avec des yeux de gamine à qui l'on vient d'offrir une baguette magique. »

Il n'y a pourtant pas de magie là-dedans. Juste de l'amour.

Mais même l'amour de Tara ne doit pas nous laisser nous endormir sur nos tâches. Elles sont encore multiples. La souffrance, c'est comme la poussière. On la retire, elle revient. Elle demande un ménage quotidien.

4

La transformation intérieure : indispensable

Vous venez de découvrir la concentration édifiante de la méditation, vous avez accueilli avec attention certains conseils du Bouddha, et vous vous sentez mûr pour la sérénité ? À peine replongez-vous dans le quotidien, vos belles certitudes s'écroulent comme un château de cartes. Un ami vous a joué un sale tour ? Vous éprouvez une envie irrésistible de l'étrangler, qui vous fait passer une semaine de nuits blanches et la rancune à l'avenant. Bref : la colère, l'attachement-possession, l'aversion et l'orgueil bafoué. Et il est inutile de vous dire : « Bon, je vais me remettre en position du lotus et ça ira mieux. » La méditation est un éclairage, pas un soporifique. Vous avez mal réagi, c'est sur vous que vous devez travailler.

Une surveillance indulgente

Toutes les réflexions que vous avez faites sur vous-même ne serviront à rien si elles ne sont pas mises *en expérience* dans la vie courante. Il faut se surveiller sans cesse. En ayant le courage de se regarder tel que l'on est, tel que l'on « fait », sans laisser l'ego trouver de bonnes raisons à nos comportements. Se demander simplement, avec une certaine indulgence car nous sommes tous faillibles, pourquoi nous laissons si facilement exploser nos mauvaises tendances, dans telle ou telle circonstance. Se concentrer sur l'instant où ça bascule, ou va basculer, savourer l'humour de se prendre en flagrant délit – « Tiens, mon avidité fait encore des siennes » – et essayer, peu à peu, de se transformer.

Quant à agir impulsivement sous le coup d'une émotion négative, stop ! Combien de ruptures – amoureuses, amicales, familiales, professionnelles – sont-elles le fait d'un ego bafoué, que l'on regrette parfois toute sa vie ? « Vous voulez entreprendre une action ? Trois jours de réflexion ! », dit l'adage. Chaque fois qu'une situation vous semble intolérable, posez-vous longuement la question avant de décider quoi que ce soit : est-ce la situation en elle-même qui suscite votre souffrance, ou votre état émotif pernicieux qui l'engendre ? Réaction d'orgueil insoumis vis-à-vis d'un supérieur hiérarchique, aversion instinctive (l'instinct a bon dos) à l'égard du nouveau petit ami de votre fille chérie, jalousie d'orgueil quand votre épouse se met à gagner plus d'argent que vous ? Travaillez là-dessus avant de faire le mur et de vous esquiver : le bonheur n'est pas dans le pré d'à côté, il est en vous. Encore une fois, il est plus facile de se changer soi-même que de changer le monde alentour.

Les antidotes

Nos tendances perturbatrices, nous les connaissons désormais par cœur. Colère ; attachement / saisie / jalousie ; avidité et son corollaire, l'insatisfaction ; aversion / haine / désir de vengeance ; orgueil / ego / Moi-Moi-Moi.

Utiliser les émotions contraires

Une émotion ne peut pas être ressentie en même temps que l'émotion inverse. Difficile d'être fou de rage et de nourrir dans le même temps une tendresse généreuse à l'égard de la personne que l'on invective. C'est donc en cultivant les tendances opposées à nos perturbations qu'il convient de se soigner, comme on prend un antidote pour annihiler l'effet d'un poison.

Contre la colère ? S'entraîner au respect de l'autre. On n'est pas obligé de proférer des mots blessants à l'adresse de quelqu'un pour lui exprimer qu'il a mal fait son travail, ni de couper la parole à tout le monde de façon véhémente afin d'imposer son point de vue, encore moins de terroriser les gens après une bévue quelconque comme s'ils étaient des criminels face au Jugement dernier quitte à leur dire un peu plus tard, contrit devant leur pâleur offensée : « Bon ; après tout, ce n'est pas si grave, calmez-vous. »

« Et vous croyez qu'en se faisant la morale on va parvenir à changer ? » demande Huguette, dubitative.

Pas du tout. Vous allez juste, au cours d'une méditation, vous mettre à la place de celui ou celle qui subit vos excès d'autorité, par exemple ; longuement, sincèrement. Cela suffira à vous faire comprendre à quel point vos outrances sont inacceptables, injustifiables, quelles qu'en soient les raisons. En plus, elles risquent de vous isoler, donc de vous faire souffrir à votre tour.

Les antidotes à l'attachement / saisie / jalousie ? L'acceptation de l'impermanence et l'amour vrai. On l'a vu, se préparer à la disparition des choses permet de mieux en profiter sur le moment, sans pour autant dépendre de ses biens. En conséquence, pourquoi jalouser ceux des autres puisqu'ils sont eux aussi éphémères ? Quant à considérer toute personne qu'on aime comme un bien acquis, c'est déjà lui faire offense. Il ou elle menace de vous quitter pour des horizons qui lui conviennent davantage ? Méditez sur l'amour vrai. Car si vous l'aimez *vraiment*, vous ne pouvez souhaiter que son bonheur. C'est rude comme évidence, pourtant si vous vous y pliez, vous serez triste, sans doute, éploré peut-être, mais vous ne sombrerez pas dans la souffrance récurrente.

L'insatisfaction ? Antidote : la réjouissance. De ce que nous avons, fût-ce un train de vie modeste, la santé, un bout de jardin. Sans ruminer l'envie si des amis nous invitent dans leur gentilhommière aux meubles et tableaux de belle facture. Regarder la beauté est une forme d'enrichissement, et l'on peut préférer arpenter les musées plutôt que de se faire du souci pour une collection personnelle en danger de cambriolage. Penser autrement qu'en termes de possession et de comparaison est une grande source de réjouissance.

« Vous voulez faire de nous des saints ? » ironise ma complice indocile.

Non. De toute façon, nous n'y parviendrions ni vous ni moi. Mais quand on veut changer, il n'est pas mauvais d'étudier les bons côtés du changement, et de se familiariser avec des états d'esprit positifs qui sont en nous, ne l'oublions pas, à l'état latent.

« Et vous allez bien sûr nous annoncer que l'antidote à l'orgueil est l'humilité ? »

Ce n'est pas moi qui l'ai dit, c'est Voltaire : « L'humilité est le contrepoison de l'orgueil[1]. » Tel écrivain au style contestable se glorifie de se vendre à des millions d'exemplaires, écrasant de sa superbe tout le milieu « intello » ? Est-il Voltaire, Victor Hugo, Marcel Proust ? Tous les vrais grands sont d'une humilité notable. À la veille de sa mort, Cézanne se plaignait de seulement commencer à comprendre quelque chose à la peinture. L'humilité ne suppose pas qu'on se dévalorise, mais qu'on pense aux progrès qui restent à faire, et qu'on s'y applique. Donc en cas d'orgueil, commencez par prendre la juste mesure de votre autosatisfaction, puis méditez sur l'inanité de votre ego surdimensionné.

---

1. Voltaire, *Dictionnaire philosophique ou La Raison par alphabet*, publié en 1764 sous le titre : *Dictionnaire philosophique portatif*. Édition moderne : *Dictionnaire philosophique*, Flammarion, Paris, 2010.

« Et si au lieu de se “fliquer” sans cesse, on essayait cette autre méthode dont vous me parliez l’autre jour ? » propose ma directrice d’ouvrage, qui ne semble pas du tout à l’aise dans l’usage des contrepoisons.

Se servir de ses défauts pour s’améliorer ?

Mettre son orgueil, sa colère et autres émotions perturbatrices au service de causes plus nobles que les réussites personnelles ? On trouve en effet cette proposition dans les Enseignements de très haut niveau. Au lieu de haïr ses défauts et de les combattre, on va les utiliser, mais en les dirigeant, et en les domestiquant, pour qu’ils servent à des fins altruistes. En comprenant que ces perturbations émotionnelles sont liées à la nature grossière de notre être mais que l’on peut les transcender.

Par exemple, imaginons, je suis orgueilleux. J’ai une haute opinion de moi-même et « je le vaux bien », je l’ai déjà prouvé par mes succès. Eh bien cet orgueil, je vais en faire une arme – car il me procure une force extraordinaire –, mais plus uniquement pour ma gloriole : pour le bienfait d’une équipe, d’un groupe, d’une communauté. J’ai un projet extraordinaire, ces temps-ci. Autrefois, pour le réaliser, j’aurais écrasé tout le monde sur mon passage, utilisé des collaborateurs aux ordres, quitte à me priver de talents aux allures de rivalité. Aujourd'hui je me pose la question : que signifie cette attitude ? N'implique-t-elle pas que je suis si peu sûr de moi que je doive éloigner toute personne ultra-compétente ? Mais, dans ce cas, mon orgueil n'a aucun sens ! Puisque je suis si fort, je vais au contraire réunir autour de moi les meilleurs, prendre en charge ces gens, et les entraîner dans mon succès. Je serai un bon entrepreneur, un vrai « bon patron ». En me servant de mon orgueil, je l'aurai dépassé.

Même processus en cas de tempérament coléreux. Si ma colère est dirigée contre l'injustice, la puissance de mon indignation décuplera mes moyens – pacifiques mais fermes et efficaces – pour la faire cesser sans pour autant laisser l'émotionnel me submerger. Quant à l'avidité qui me pousse à acquérir des biens, si ces biens sont destinés à une œuvre caritative, elle ne sera plus néfaste. Et ainsi de suite…

« Je ne trouve pas ça très convaincant », hasarde Huguette.

Elle a tort et raison à la fois. Tort parce que si, profondément, vous avez dominé vos émotions lourdes au point de n'en tirer que de bons résultats altruistes, c'est une prodigieuse victoire… Raison parce que le défi est terriblement dangereux. « Laisser s'exprimer de puissantes émotions sans pour autant en devenir la proie, écrit Matthieu Ricard, c'est jouer avec le feu, ou, plutôt, essayer d'attraper un joyau sur la tête d'un serpent[1]. »

C'est pourquoi mieux vaut, pour les néophytes, s'en tenir au début à l'usage des antidotes.

Quel que soit votre choix, en tout cas, il est une ennemie que vous ne pourrez jamais utiliser pour le bien : c'est la haine.

Pratiquer la bienveillance pour ne jamais laisser éclore la haine !

La haine est la plus venimeuse des mauvaises tendances de la nature humaine. Elle ne se déguise pas, vous pouvez la reconnaître aussitôt : elle veut clairement le mal, et le dispense aussi bien à celui qui la nourrit.

Or elle peut commencer par une simple aversion. De l'étranger qui vous fait peur, de cette caste (race ?) qui s'approprie les meilleures places (grâce à son savoir-faire peut-être ?) et donc vous gêne, de telle ou telle personne qui vise des idéaux nobles mais que vous rejetez...

La haine peut provenir aussi du désir de vengeance, la plus vaine et la plus destructrice

1. Matthieu Ricard, *op. cit.*

des pulsions. Ainsi se déclarent les guerres de revanche, après une défaite, ou des vendettas comme cette « loi du sang » albanaise qui sévissait au siècle dernier, où le *kanun*[1] exigeait comme châtiment d'un meurtre la mort de tous les hommes du clan ennemi[2]. Un aimable prologue à toutes les exterminations dont nous devons nous souvenir avec terreur, car elles montrent combien l'être humain est – aussi – capable du pire.

Bien sûr, vous n'en êtes pas là. Il n'empêche que vous ne pouvez pas oublier que votre frère a tout fait pour vous éloigner de vos parents, que votre meilleure amie a causé votre divorce en dévoilant à votre mari une liaison qui n'était pour vous qu'une passade, ou que tout simplement vous ne pouvez pas souffrir Untel ou Untel, sans peut-être même savoir exactement pourquoi. Et ça meuble vos cauchemars, embrume vos soirées solitaires, fait surgir dans votre esprit quelque noir désir de malheur qui s'abattrait sur ces gens-là : ce n'est plus de la rancune, même plus une simple aversion, la haine n'est pas loin, qui va dévorer toutes vos possibilités d'épanouissement.

Aussi, avant que ce venin vous envahisse, à la moindre irritation hostile, au moindre qualificatif

1. Règles de droit coutumier.
2. Ismaïl Kadaré, *Avril brisé*, Fayard, Paris, 2002.

de hargne qui en dit long sur les dérives de votre nature, fermez la porte à l'animosité.

Pratiquez la bienveillance. Cette même bienveillance que les Enseignements vous recommandent à l'égard de vous-même car le Bouddha sait que vous ne pouvez pas vous améliorer en un jour et que cette amélioration commence par l'estime de soi. Pratiquer la bienveillance, c'est vouloir le bien d'autrui. C'est l'exact contraire de la haine. Cela ne signifie pas qu'il faille tout laisser passer. On peut se montrer bienveillant et énergique, refuser avec calme, exposer les raisons de son mécontentement sans déclarer la guerre à celui qui l'a provoqué. La bienveillance n'empêche pas l'autorité, tant que celle-ci est maîtrisée. C'est-à-dire quand on a appris à accepter l'autre, avec ses différences, ses lacunes, ses faiblesses et ses défauts. La bienveillance, c'est la patience : les autres ne peuvent pas toujours vous suivre au doigt et à l'œil. La bienveillance, c'est le sourire désarmant. Laissez le regard qui tue à la chanson de Marc Lavoine. La bienveillance, c'est aussi la gaieté.

Cultiver la gaieté

La gaieté ne fait pas bon ménage avec nos tendances négatives. Ce n'est pas la joie, beaucoup plus profonde, métaphysique, dont nous parlerons dans la dernière partie de ce livre, c'est une forme de légèreté. Non d'inconséquence : ce serait plutôt cette sorte de détachement amusé que procure un esprit déjà ouvert à la relativisation de nos souffrances. « Il faut être gaie, disait Catherine de Russie à sa confidente, c'est la seule chose qui fait que l'on surmonte tout. »

« C'est pour ça que les lamas rigolent tout le temps, sur les photos ? hasarde Huguette. Cela m'a toujours paru un peu bizarre… »

Parce qu'un religieux devrait être grave ? Rappelez-vous ce que Montesquieu disait de la gravité : « C'est le bouclier des sots. » Les lamas savent que rien n'est grave, ni la perte de la richesse, ni son acquisition, ni la vieillesse, ni la mort. Donc ils sont enclins, en effet, à la gaieté. Et puis, c'est dans la culture tibétaine. Les Tibétains vivent en communauté, en villages, en groupes de nomades qui parcourent les montagnes avec leurs tentes et leurs chevaux. Ils sont proches les uns des autres, assez pauvres mais solidaires, ils se réjouissent des petits bonheurs à leur portée, une fleur qui s'ouvre, un oiseau dans le ciel, un enfant qui court dans leurs jambes. Ils sont restés simples, ils ne sont pas victimes de leur intellect, même si certains d'entre eux en savent mille fois plus que vous et moi. Et de surcroît ils sont courtois avec leurs semblables, « gentils ». La gentillesse fait partie de la bienveillance. Ne pas donner à ce terme sa connotation moderne de niaiserie. Au sens premier, « gentil » signifie « noble » – un gentilhomme –, et la gentillesse est la noblesse du cœur !

La gaieté relève aussi de cette noblesse. C'est en outre une énergie qui éclaire le paysage de vos soucis et distrait les autres des leurs.

« Quand on voit l'atmosphère des bureaux ou autres lieux de travail le lundi matin, on peut dire que ça manque... », ironise Huguette.

Oui, j'ai pu m'en rendre compte, même dans les centres de remise en forme et de pensée positive, c'est un comble ! Dommage... Ne suivez pas ce déplorable exemple. Pensez à « l'énergie joyeuse ». Si vous exprimez la joie, la vie vous sourira davantage et en plus, vous distribuerez un peu d'euphorie alentour. Je ne parle pas ici de ces « farceurs » qui se croient drôles et qu'on fuit comme des plaies, mais chacun de nous n'a-t-il pas dit un jour, parlant d'une personne amène, souriante même quand elle a des ennuis : « Ça fait du bien de la voir » ?

Un principe fondamental : aimer les autres

Si l'on n'aime pas les autres, on ne peut pas être heureux. Les autres, c'est nous. Embarqués comme nous, sur cette planète, dans une aventure extraordinaire : la recherche du bonheur. Cette équanimité – au sens originel de ce qui est égal – gomme toutes les différences et nous libère d'emblée de l'effroyable impression de solitude qui parfois nous assaille. Je ne parle pas ici de l'amour profond que nous portons aux proches qui nous sont chers, encore moins de la compassion universelle dont font preuve les Initiés sur le chemin de l'Éveil et dont nous parlerons à la fin de ce livre : il s'agit simplement de considérer avec empathie, *a priori*, tous les êtres humains.

« *A priori*, cela va de soi, admet Huguette. Mais… »

Non, cela ne va pas de soi ! Certaines personnes n'aiment pas « les gens ». Les autres les indiffèrent voire les gênent, les dérangent, en tout cas leur restent étrangers. Or se retirer dans sa bulle – personnelle ou même familiale, clanique – est une source inévitable de souffrance et d'appauvrissement intellectuel et moral. C'est le fait des orgueilleux qui estiment que seules sont correctes leurs idées et leur façon de vivre et se croient en danger s'ils s'ouvrent à l'extérieur. Barricadés dans leurs certitudes, ils ne sauraient s'enrichir des apports d'autrui, élargir leur point de vue ou juste soulager leurs peines. Car ceux-là, quand un malheur les frappe ou qu'un doute existentiel les atteint, se retrouvent privés du baume guérisseur que pourrait leur offrir la fréquentation de leurs frères et sœurs en humanité.

Un remède contre les douleurs de l'égocentrisme

Fréquenter les autres, essayer de les comprendre, les écouter au moins vous éloigne de vous-même. Or s'éloigner un peu de sa petite personne ne peut pas faire de mal, au contraire. Quand on ne s'occupe que de soi, tous les soucis prennent des proportions énormes, y compris cette chaudière qui vient de tomber en panne et vous met dans un état pas possible. Mais voilà que soudain, votre voisine octogénaire vient vous demander de l'aide et qu'en appelant le Samu vous lui sauvez la vie ! En un clin d'œil d'altruisme, tous les avatars de l'existence vous paraissent alors insignifiants : vous vous sentez heureux et satisfait. Tant il est vrai que faire du bien aux autres n'est pas un acte ingrat : vous en êtes naturellement remercié, libéré un instant de vos obsessions égocentriques.

Il faut apprendre à ne plus faire les choses uniquement pour son bénéfice personnel. C'est la base fondamentale de la sortie de la souffrance : les autres vous distraient de vos propres maux. Il faut découvrir la joie de procurer de la joie. Par des cadeaux, des attentions, des services, gratuits, sans attendre quoi que ce soit en retour. Le retour, de toute façon, arrive de lui-même, tout de suite : faire plaisir fait plaisir.

« Ça flatte aussi un peu l'ego, non ? » ironise Huguette.

Je ne le crois pas. L'ego ne connaît ni le plaisir ni la joie : il n'a que des satisfactions. La joie que vous ressentez quand vous en distribuez relève de votre nature pure, qui est bonne, portée vers le partage, la communion avec les autres. Tout à coup, il n'y a plus de frontières, plus de séparation, l'autre n'est plus l'autre, vous êtes dans une fusion d'amour.

« Joyeux Noël ! lance Huguette, ironique. Mais au quotidien, cette belle fusion dont vous parlez est irréalisable. Il y a quand même des gens franchement antipathiques. »

Oui. Je vous signale néanmoins que cet adjectif signifie simplement qu'il y a entre vous et eux un défaut d'affinité : cela ne rend pas ces gens haïssables pour autant. Et inutile de compléter la liste en me rappelant que certaines personnes ont mauvais caractère, la grosse tête, de la méchanceté ou de la mauvaise foi, bref des défauts, comme nous tous, ma chère Huguette.

« Et l'on doit les aimer quand même, bien sûr… insiste », narquoise, mon entêtée maison.

D'une certaine manière, oui. On ne nous demande pas de les prendre dans nos bras ni de compatir à leurs manquements : nous ne sommes ni le Christ ni le Bouddha. On nous conseille de ne pas les rejeter. De ne pas nous gâcher la vie en nourrissant de l'acrimonie à l'égard de ceux qui ne sont pas comme nous voudrions qu'ils soient. De « faire avec » leurs faiblesses humaines. C'est une condition indispensable à l'entente familiale, professionnelle, sociale, et même à l'exercice de son métier. Un médecin n'a pas que des patients sympathiques, mais pour bien les soigner, il doit « aimer » tous ses malades. Un commerçant qui ne pense qu'à son tiroir-caisse verra tôt ou tard sa clientèle se défiler ; s'il porte de l'intérêt à ceux qui le font vivre, en revanche, il refusera du monde. Il ne s'agit pas d'ici d'amour mièvre mais de générosité à l'égard de ses semblables. Et cette attitude est toujours « payante », pour en revenir aux préoccupations terre à terre de certains. Un chef d'entreprise qui « aime » ses employés en obtiendra bien plus que celui qui les considère comme un mal nécessaire. Même chose pour un professeur qui aime ses élèves, pour...

« Et les êtres nuisibles, ceux qui nous veulent et nous font du mal, on va leur tendre l'autre joue ? Que faut-il faire, avec eux ? »

Ne pas les haïr, en tout cas, et essayer d'améliorer notre regard sur eux.

Neutraliser ses ennemis

Bien sûr qu'on doit se défendre, face à ses ennemis ! Mais sans haine. À cet égard, l'histoire de l'autre joue est emblématique. Inciter les chrétiens à tendre la joue gauche quand on les a giflés à droite ne procède pas d'un masochisme de mauvais aloi. Cela veut dire que, dans les relations humaines, si vous opposez à l'adversaire une absence totale d'agressivité, il peut s'en trouver désorienté, « désarmé ».

Ce n'est pas toujours le cas, certes. Le vrai nuisible ne renonce pas si facilement. Mais il n'est pas question d'utiliser ses armes. Dénoncer un concurrent à l'administration fiscale comme il vient de le faire en ce qui vous concerne, propager une rumeur nocive, s'attaquer à son épouse, médire de sa famille ? Voilà qui non seulement va beaucoup alourdir votre dette karmique, mais n'assainira pas pour autant vos affaires. La haine ne vous inspire pas les bons moyens de lutter.

D'ailleurs pourquoi haïr ? Cette adversité et ce qui en découle, c'est d'abord une rencontre avec votre karma, ne l'oubliez pas. Une épreuve nécessaire. Quant à la personne qui s'acharne contre vous, ce n'est pas elle – pas sa nature, pure – qui est responsable, ce sont ses perturbations. On ne peut pas détester des perturbations ! Pas plus qu'on ne peut agir sur elles, d'ailleurs, sauf si ce sont les nôtres. Mais, si la rage ne vous aveugle pas, vous pouvez les observer, les perturbations de vos « ennemis », pour prévoir leurs conséquences, parer aux coups que vous sentez venir. Il n'est pas question de rester les bras ballants et de se laisser tirer dessus ! Vous allez rencontrer le contrôleur des impôts, vous justifier – ou payer si vous avez fraudé –, rectifier la rumeur, défendre l'honneur de votre famille... Mais vous ne ferez rien qui nuise à votre ennemi. Souvenez-vous de ce que disait Gandhi : « Si l'on pratique “œil pour œil, dent pour dent”, le monde entier sera bientôt aveugle et édenté. »

Cela étant, il existe une autre méthode, qui paraîtra sans doute infaisable à beaucoup de personnes mais qu'un vrai bouddhiste utilise en premier lieu : la pensée bienveillante. Envoyer à son ennemi des pensées compassionnelles, admettre qu'il a des émotions négatives, des pulsions néfastes, et nourrir de l'amour pour lui au lieu de laisser germer la colère. Je l'ai fait. Difficilement mais je l'ai fait. Et ça marche ! N'oublions pas que la pensée a une puissance phénoménale. Or quand des forces malignes se heurtent à un océan de sérénité et non à un mur de violence, elles ne peuvent s'accrocher à rien. Elles reculent.

« Vous croyez qu'on laisse ça ? demande ma directrice littéraire. Ils ne vont pas vous croire. »

Qui, « ils » ? Vous voulez dire que les lecteurs vont me prendre pour une illuminée ? Eh bien qu'ils essaient, ils verront ce que ça donne… S'ils y parviennent. Car il n'est pas aisé de fondre de compassion pour ceux qui veulent nous nuire.

« Et quand on vous a nui ? Vraiment. Quand on vous a volé, trahi, déshonoré, ruiné. On s'apitoie encore sur l'auteur de ces méfaits ? »

Non. Ce qui est fait est fait. Je vous l'ai déjà dit. On efface tout. On ne cultive pas le virus de la rancune.

« On en a déjà parlé », remarque Huguette sur un ton de censeur.

Oui. Mais il est impératif d'y revenir, car c'est là une des clés de la non-souffrance.

Pardonner : la grande libération

Mais aussi l'acte le plus difficile à poser dans certaines situations extrêmes. Au cours de mes conférences, combien de fois ai-je vu des auditeurs se rebeller à la seule évocation de cette démarche ! Je me souviens d'une douloureuse expérience à La Roche-Posay, où je venais régulièrement parler des Enseignements à des personnes atteintes de lourdes pathologies, en particulier des grands brûlés, parfois victimes d'incendies provoqués en toute malveillance. C'était le cas d'une auditrice, ce jour-là... À travers l'explosion de fureur dont elle m'a gratifiée, j'ai pu comprendre que son père était le responsable conscient du feu qui l'avait gravement brûlée. Elle s'est jetée sur moi avec une virulence inimaginable.

« Comment osez-vous nous donner des leçons de ce genre ? On a ravagé mon visage, calciné mes muscles, détruit ma jeunesse ! Jamais je ne pourrai pardonner ! Je ne *veux pas* pardonner, vous comprenez ça ? »

Je n'ai pas pu articuler un mot, tant j'étais saisie d'effroi devant cette haine à vif, et de désolation face à cette souffrance du ressentiment qui la défigurait, alors qu'on avait, sinon restitué sa beauté, au moins reconstruit son visage.

Si je comprenais ? Bien sûr que oui. Comme je peux comprendre les parents dont on a tué le fils, les victimes des persécutions qui accompagnent tant de prises de pouvoir, tant d'idéologies de « sélection » dont les rêves viciés se transforment en cauchemars exterminateurs. Comment pardonner dans ces cas-là, à moins d'avoir atteint la compassion universelle des grands sages ?

« *Pourquoi* pardonnerait-on, surtout ? hasarde Huguette. On ne va quand même pas libérer ces criminels ? »

Sûrement pas. On va même les rechercher, les mettre hors d'état de sévir à nouveau. Que leurs victimes aident la justice par leur témoignage, et la laisse faire pour leur condamnation. Mais, pour leur propre survie, qu'elles dépassent la haine. Si l'on ne se libère pas de certains souvenirs effroyables, on ne peut pas survivre à l'horreur. Sans doute ces souvenirs restent-ils tapis au plus profond des êtres ignoblement meurtris, mais seuls ceux qui ont réussi à franchir le stade de l'obsession légitime peuvent poursuivre le chemin sans trop de découragement. Beaucoup l'ont fait, plus nombreux qu'on ne le pense, par nécessité vitale.

Raison de plus pour ne pas nous-mêmes laisser le poison de la rumination destructrice s'installer en nous en cas de malfaisances infiniment moins graves. Pardonner aux êtres et aux événements qui nous ont fait souffrir est le seul moyen de profiter des occasions que la vie nous offre de rebondir. Celui-ci ou celle-là a fichu en l'air votre tranquillité professionnelle en vous congédiant abusivement ? Il ou elle n'a pas fichu en l'air toute votre carrière. Un autre a démoli votre mariage en séduisant votre femme ? Il n'a pas détruit à jamais votre vie affective. Sauf si vous vous enlisez dans la fange du ressentiment. Nettoyez cet espace engluant.

« Et qu'est-ce qui peut nous aider à le faire ? » demanderont les sceptiques.

J'ai envie de vous répondre : la compréhension juste de la loi de rétribution, le karma. Seulement c'est peut-être, pour l'heure, trop demander à des néophytes. En revanche, la méditation peut vous être très utile. Une méditation quotidienne, analytique et utilisant l'imagerie mentale, apparemment simpliste, mais qui finira par avoir raison de notre acharnement.

*

Tous les soirs, avant de vous endormir, vous stabilisez votre mental avec les méthodes d'usage, et vous donnez rendez-vous à la personne à qui vous en voulez. Un rendez-vous virtuel, dans un lieu neutre. Pas chez vous où vous n'avez aucune envie d'inviter l'objet de votre rancune, pas dans l'endroit qui a provoqué votre rupture (bureau, nouvelle maison de votre mari fugueur, collège où votre fille s'est perdue en fréquentant celui qui l'a entraînée sur une pente dangereuse) : quelque part dans l'espace, là où l'on ne peut pas s'empoigner, et où l'on peut considérer les événements avec une certaine hauteur.

La personne arrive. Sa vue ne vous réjouit pas mais vous lui expliquez le sens de votre démarche.

« J'ai pris ce rendez-vous avec toi pour éclaircir une situation et y mettre fin. Je t'en veux horriblement. Je te reproche ceci, cela, et encore cela. »

Et alors même que vous êtes tenté de compléter vos accusations par des qualificatifs déplaisants, des jugements sans appel, vous analysez ces condamnations à la lumière de la pensée juste. Car enfin, cette personne n'est pas totalement mauvaise. Ses amis l'apprécient, elle a des qualités, que vous reconnaissiez avant qu'elle vous blesse… Oui, mais elle vous a fait du mal. Pour assouvir son besoin de puissance, pour vivre un amour fou avec votre ex-compagnon, pour devenir l'âme damnée de votre fille en partageant avec elle des plaisirs dangereux. Stop ! Vous êtes là pour méditer, pas pour remâcher vos déboires. Ce que vous souhaitez présentement, c'est arriver à pardonner. Alors vous le dites !

« J'ai pris une décision. Je ne veux pas rester avec ce fardeau, je ne veux pas non plus t'attacher à ma rancœur et donc à ma vie, je veux te pardonner. Je suis venu(e) te dire : "Je te pardonne." »

Parce que vous savez que cette personne est comme vous, imparfaite et capable de céder aux tentations de son orgueil, de son besoin de possession, et qu'elle a pensé à elle avant de penser à vous. Parce que vous aussi avez peut-être, consciemment ou non, fait du mal à quelqu'un. Ne vous étonnez-vous pas que certains vous en veuillent « à mort » pour ce que vous considérez, de votre point de vue, comme des broutilles ? Parce que nous sommes tous, dans le *samsara*, des êtres d'erreur et de souffrance qui méritent la compassion.

En exprimant tout cela de diverses manières, des soirs et des soirs, avec autant d'entêtement que vous mettiez à proférer vos accusations, vous finirez par sentir votre cœur s'ouvrir. Quelque chose se produira, de l'ordre de la douceur de vivre. Le ressentiment s'en ira.

Et si cela ne suffit pas, à défaut de cultiver l'amour de l'autre – quoi qu'il vous ait fait –, on va se rabattre sur l'amour de soi. Je m'aime bien, au fond, parce que je sais qu'il y a du bon en moi. Alors je ne vais pas me faire du mal en restant dans le conflit. Je dois me donner rendez-vous à moi-même, jusqu'à ce que je parvienne à comprendre l'inanité de ma rancune et sa nocivité pour la route qui me reste à faire. Je vais nettoyer mon espace ressentiment, afin de laisser la place pour qu'autre chose arrive. De meilleur.

« Et là, on redescend sur terre et on va prendre l'apéritif avec l'objet de nos tourments ? » demande Huguette, incorrigible.

Mais cela peut se faire, ma chère Huguette. Quand on aime réellement un être et qu'il vous a blessé, il arrive qu'après une période où l'on jure que cette belle amitié est morte, on cède à l'indulgence et l'on se réconcilie. Cela fait partie des grandes joies. Cependant la vie n'étant pas toujours une opérette, la plupart du temps le pardon n'exclut pas une mise à distance prudente. Pardonner consiste avant tout à faire la paix avec soi-même, cela n'implique pas de se remettre en danger. Si une mère a tout tenté pour sauver son ado égaré dans la drogue et la délinquance, si les explications, les raisonnements, la gentillesse ne lui ont valu de la part de son fils que de la haine et des menaces, si au fond de son cœur elle lui a accordé son pardon, elle doit admettre aussi que certaines mesures d'éloignement et de soins rigoureux doivent être prises, et que les câlins des retrouvailles ne sont pas pour demain. Si des amis se révèlent de mauvais conseil, dangereux pour notre harmonie mentale, ou animés de douteuses intentions, il vaut mieux les voir moins souvent. Aimer les autres ne signifie pas fréquenter n'importe qui.

Gérer son environnement

Si l'on souhaite progresser dans sa quête de la non-souffrance, il faut faire attention à ceux qui nous entourent. Quels sont les vrais alliés, qui nous tirent vers le haut, les faux amis, qui encouragent nos tendances mauvaises et alourdissent notre sac d'agrégats contaminés ? Un alcoolique sait que si, après une cure de désintoxication, il reprend contact avec ses copains de beuverie, il n'a aucune chance de s'en sortir. Pour nous, c'est pareil. Méfions-nous des influences pernicieuses ! Les arrivistes nous incitent à piétiner tout le monde pour parvenir à nos fins parce que c'est « la loi de la jungle », comme si les êtres humains étaient des bêtes sauvages ; ils nous exhortent en toute conviction, ils nous veulent du bien mais ils nous font du mal. Les médisants sèment le doute dans notre esprit à coups de diffamations diverses ; ils sont très doués, faussent notre jugement, créent des inimitiés ou au moins des méfiances, sans fondement. Ne les écoutez pas. Et ne soyez pas surpris de les voir réagir de façon inattendue devant votre nouvelle sagesse.

Vous vous améliorez ? Ça ne plaît pas à tout le monde…

Que ce soit en amitié, en amour, en famille ou au travail, vos progrès intérieurs et le changement d'attitude qui en découle, alors qu'ils devraient réjouir votre entourage, le déstabilisent bien souvent. Parce que vous lui échappez. Parce qu'il ne peut plus se consoler de ses faiblesses en contemplant les vôtres.

Vous étiez une jalouse tétanique, vous voilà généreuse et tranquillement confiante : votre mari ne sait plus quoi penser. Lui suis-je devenu indifférent ? Aurait-elle un amant ? Au bureau, vous aviez autrefois l'indignation facile et péremptoire, genre donneur de leçons ; votre mauvais ego a pris du recul, votre humilité nouvelle vous rend prudent, vous ne condamnez plus à tort et à travers. « Il se fiche de tout », vont dire ceux qui adoraient, finalement, vos diatribes parfois outrancières, preuves évidentes de votre non-maîtrise de soi. Vous faites moins la fête parce que vous vous êtes rendu compte que c'était pour vous une fuite et que vous préférez désormais lire un bon livre ou méditer ?

Alors là vous n'êtes plus marrant du tout.

Et je serai brève concernant ce qui attend celui ou celle qui, comme je le fis naguère, a décidé de se consacrer à son idéal spirituel : j'ai déjà parlé de la levée de boucliers qui accompagna pour moi cette démarche, pourtant consécutive à des années d'Enseignements. De nombreux amis ou simples relations de travail m'ont tourné le dos, tant pis.

Ou tant mieux. En fait, quand on est sur la voie tracée par le Bouddha, on n'a quasiment pas à choisir, en matière d'environnement. Les choses se font toutes seules. Les gens qui condamnent nos efforts ne sont pas nos vrais amis, ils s'en vont d'eux-mêmes ; les autres, qui sont en sympathie avec nous, nous font profiter de leur force ; d'autres encore, de nouvelles rencontres, se présentent sur notre chemin.

« Peut-être, rétorque Huguette, mais la plupart des lecteurs de ce livre n'ont nulle envie de se faire moine ou nonne. Comment réagissent-ils, face aux réticences alentour ? Ils quittent leur famille, leur métier ? »

Non. Et c'est bien pour cela que j'ai parlé de « gérer » son environnement, même si je n'aime pas ce verbe à cause de sa connotation économique et financière, plutôt qu'humaine. Face aux réticences qui se manifestent, c'est à vous de gérer la situation, d'apporter l'apaisement à vos proches, et de ne pas vous laisser envahir par un contexte professionnel parfois traumatisant.

Avec les proches : expliquer, rassurer mais ne pas pontifier

Il ne s'agit pas de tout casser, mais de faire respecter ses choix. Rassurez votre famille en lui démontrant que votre transformation intérieure ne peut que lui être bénéfique : moins d'agressivité, plus d'indulgence, plus d'altruisme… Expliquez-lui que vous réserver des plages de solitude et de tranquillité pour méditer, progresser, et sans doute mieux comprendre les autres n'est pas un abandon. Et si certains membres du clan se montrent réfractaires à ce qui va vous procurer une liberté que leur attachement-saisie, qualifié d'amour, supporte mal, eh bien, laissez-les ronchonner dans leur coin.

Sans chercher, à coups de discours prétentieux, à leur prouver que c'est vous qui êtes dans le droit chemin. Faire respecter ses choix suppose à l'évidence de respecter ceux des autres. Il ne convient pas de heurter son entourage, voire de le soûler avec ses propres idées. Cela ne sert à rien et peut provoquer des conflits. Or la voix spirituelle est une voie de paix. Ne cherchez pas à convaincre vos proches par des sermons : montrez-leur que vos efforts tendent au contraire à les mieux aimer. La plupart du temps, c'est tout ce qu'ils souhaitent.

Et si d'autres souhaitent vous maintenir sous leur coupe ? Si vos réflexions et méditations analytiques vous ont fait découvrir que vous vous êtes installé(e), face à votre conjoint, dans un statut de victime prisonnière d'une passion nocive et de la peur du monde extérieur ?

L'antidote à l'emprisonnement, c'est le choix de s'en libérer. Cela demande du courage, parfois du renoncement – au confort, à la position sociale, à l'espoir illusoire de voir l'objet de votre passion changer –, mais ce n'est rien comparé à la dignité et à la liberté recouvrées.

« Et sur le plan professionnel, si l'on évolue dans un climat stressant, pollué, ou pour le moins totalement étranger à ses aspirations bouddhistes, on va risquer le chômage sous prétexte d'harmonie déficiente ? » lance ma contradictrice.

Autant envisager de quitter carrément la planète, si pareille idée vous vient à l'esprit. Le monde et ses guerres, ses inégalités inacceptables, le gaspillage honteux qui y sévit, l'intolérance de ses habitants, l'inconséquence de ses dirigeants, le fatalisme ambiant et l'inhumanité de l'humanité modern style ! Et pourtant, c'est là qu'il nous faut vivre, et que nous vivons, parfois très bien pour certains d'entre nous. Comment penser qu'au bureau, à la boutique, à l'usine ou dans quelque entreprise que ce soit, ça puisse aller mieux ? Pourtant il nous faut aller dans ces lieux pour gagner notre vie. Il ne s'agit pas de fuir ce qui peut nous faire progresser. À nous de ne pas nous laisser contaminer.

Au travail : ne pas se perdre de vue

La plupart d'entre nous doivent travailler pour vivre. Et le travail en soi n'est pas toujours une punition. Si vous aimez votre profession, vous avez déjà une grande chance : les inconvénients de la hiérarchie, de la clientèle ou d'une équipe ignorant les joies du compagnonnage en sont nettement amoindris. Si vous exercez votre métier, ingrat, pour des raisons purement alimentaires, réjouissez-vous déjà qu'il vous permette de subsister.

« Oui, mais dans quelles conditions ! Les managers abusifs, les demandes irréalisables en un temps toujours raccourci, le chacun pour soi, les flagorneries à succès de certains devant leurs supérieurs, les jalousies, les peaux de bananes, enfin bref, le contexte, qu'en faites-vous ? Certaines ambiances, surtout dans les grandes entreprises, entament dangereusement la sérénité », remarque Huguette.

Sans doute, si l'on se laisse atteindre. Après tout, que vous soyez au travail ou en voyage, c'est vous que vous emmenez dans un paysage plus ou moins tourmenté. Mais ce n'est pas votre paysage intérieur, ne l'oubliez pas. Or si vous restez en harmonie, en adéquation avec votre paysage interne, vous ne serez pas « entamé » par un milieu externe stressant, exigeant voire pollué. Ça ne va pas être facile mais c'est peut-être votre trajectoire karmique, aussi, ce genre de difficulté. Expliquez avec fermeté, sans peur ni attitude culpabilisatrice, jusqu'où peuvent aller les exigences de vos chefs s'ils veulent un travail bien fait, accomplissez correctement vos tâches et pour le reste, n'épiloguez pas sur les injustices dont vous vous estimez l'objet, le manque de reconnaissance, le succès des flatteurs qui n'ont que leur hypocrisie comme talent : ce sont encore là des frustrations d'ego mal placé.

Dès le matin, avant de partir travailler, on doit réfléchir à sa journée. C'est un espace « libre », quoi que vous en pensiez, et c'est vous qui détenez la liberté d'en faire quelque chose d'acceptable. Même si vous avez des rendez-vous épineux, des discussions délicates à mener à bien – avec des clients, des patients, des patrons –, votre journée dépend en grande partie de vous. Si vous vous mettez en route avec l'angoisse au ventre, ou l'irritation à fleur de peau, n'en attendez rien de bon. Si vous décidez de rester calme, même au milieu de l'agitation anarchique qui généralement vous exaspère, si vous refusez de vous mettre en mille morceaux à chaque contrariété, la journée, déjà, s'annonce bien. Il y aura peut-être des problèmes, des gens mal lunés, un chef de service ou patron qui vous auront choisi comme bouc émissaire, mais si vous abordez ce jour de votre point de vue et non en jugeant les autres, il ne sera pas aussi détestable que vous le redoutiez. Et rien ne vous interdit, même si vous êtes « surbooké », selon l'expression à la mode, de prendre quelques petites plages de tranquillité, de respiration, de récitation d'un mantra pour apaiser le tumulte qui risque de vous envahir.

Il ne faut jamais, nulle part, se perdre de vue ni de vie. La Noble Vérité de la Cessation de la Souffrance demande une discipline de tous les instants, répétons-le, surtout si l'on veut mettre un pied dans la Voie.

*

« La Voie ? s'exclame Huguette comme si je lui demandais d'escalader une montagne. C'est pour les Initiés, ou ceux qui veulent aller plus loin dans le chemin... »

Ne parlons pas des Initiés : eux sont aux portes de l'Éveil, ou l'ont déjà atteint. Quant à aller plus loin, il est possible, en effet, que beaucoup de personnes, séduites par la philosophie bouddhiste – et non la religion –, aient envie de s'en tenir là. Elles ont appris à maîtriser leur mental – un peu –, à juguler – un peu – leurs émotions et tendances néfastes, leur rapport aux autres est meilleur, elles se sentent moins tourmentées, plus généreuses…

« Elles souffrent moins et apprécient les moments de bonheur, ajoute ma confidente. Ce n'est déjà pas si mal. »

Assurément. C'est même un des buts de ce livre. Mais ces personnes n'ont pas totalement éradiqué la souffrance, donc elles ne connaissent pas le bonheur total, ultime, irréversible. Et elles se contentent de cet à-peu-près parce qu'elles demeurent dans ce que le bouddhisme appelle « la soif du *samsara* ». C'est assez fascinant, quand on y pense… Cette vie temporelle, provisoire, où les perturbations demeurent même si l'on tente de les neutraliser, où le karma impose sa loi implacable, avec ses épreuves, ses accidents, son impermanence et toutes les déceptions qui s'ensuivent… Ce *samsara* de la souffrance récurrente, la plupart des êtres humains y tiennent quand même frénétiquement ! Il est vrai qu'il leur apporte aussi de belles journées, des petits bonheurs à défaut du vrai, et ils s'y accrochent. Parce qu'ils croient toucher des réalités, posséder des biens réels, réussir à coups de gains et de titres éphémères dont ils refusent d'admettre l'inanité intrinsèque.

« On en revient à ma principale réserve vis-à-vis de la religion du Bouddha, se lamente

Huguette : tout n'est qu'illusion, rien n'existe, réjouissons-nous ! »

Rien n'existe tel que vous le concevez, Huguette, ce n'est pas pareil. Prenez l'exemple célèbre de la voiture. Elle est là, devant vous, c'est bien une voiture, nul ne peut en douter. Vous retirez ses portes et le capot ? Vous voilà un instant rassuré : c'est encore une voiture. Mais quand vous aurez démonté le moteur, les essieux, le pare-brise et les roues, ce ne sera plus qu'un amas de pièces détachées. Où est la voiture ?

Pour l'être humain, c'est pareil. Il s'identifie d'abord à un aspect extérieur, un corps, *son* corps. Mais que devient-il, ce corps, si on enlève les bras, les jambes, les poumons puis le cœur et le cerveau ? Où est-il, ce corps « réalité » ? Ce corps qui change sans cesse au fil des ans jusqu'à se réduire en poussière ? Et l'esprit, dont les humains sont si fiers, où se loge-t-il ? Dans le cerveau, les neurones, dans les pensées ? Montrez-moi une pensée ! Nous avons la faculté de penser, certes. Mais nos pensées divergent d'un jour à l'autre, nos raisonnements se heurtent à l'expérience, la vieillesse paralyse parfois nos facultés cérébrales. Quoi qu'en ait dit Descartes[1], penser ne nous

1. « Je pense, donc je suis. »

confère pas un Moi bien défini grâce auquel nous pourrions affirmer notre existence.

Et pourtant nous existons. Comme éléments indivisibles d'un univers dont nous ne connaissons pas les limites, comme ce continuum mental dont nous avons parlé, qui poursuit sa route de vie en vie jusqu'à ce que son karma soit apuré. À ce moment-là, il n'y aura plus de renaissance, sauf pour les grands sages qui se réincarnent afin d'apporter à l'humanité les bienfaits de leur compassion. Il n'y aura plus de *samsara*, plus de souffrance.

« La mort définitive », laisse tomber Huguette, complètement effondrée.

Non ! La non-souffrance assurée dans la claire lumière de la vacuité.

« Le vide comme révélation finale ! Il n'y a quand même pas de quoi rêver ! »

Écoutez, Huguette : que vous soyez bloquée par ce terme est compréhensible, mais n'y mettez pas de mauvais esprit ! Ce livre n'est pas une pièce de boulevard.

La vacuité n'est pas le vide.

Reprenons les termes du Dalaï-Lama : la vacuité est cet espace où le tout est possible et le rien à la fois. Disons, pour l'instant, que c'est l'essence des choses. Une réponse au mystère de l'existence qui transcende nos désirs confus de perdurer dans la forme et l'esprit qui nous sont actuellement familiers. Nous tenterons d'expliquer plus tard en quoi cette idée de vacuité peut apporter le bonheur suprême, au-delà même du nirvana. On peut refuser cette idée, certes, mais cet ouvrage traite des Enseignements du Bouddha, et ceux-ci vont bien au-delà du simple bien-être terre à terre que nous recherchons – de façon légitime – ici-bas. Il ne s'agit pas de faire du prosélytisme : le Bouddha n'en a jamais fait, il n'a fait que des propositions.

Mais pour expérimenter cette dernière proposition, la Noble Vérité de la Voie, il va falloir bien plus que quelques exercices. Il va falloir essayer – je dis bien « essayer » – de nous libérer de toutes les vanités de ce monde, évacuer toutes nos pollutions, nettoyer notre esprit, accéder à des méditations sans questionnement, juste à l'écoute du chant de l'univers et de son écho bien au-delà… C'est une Voie longue et difficile. Et je sais très bien, pour ma part, que la petite nonne que je suis ne parviendra pas de sitôt à l'Illumination. Mais c'est la Voie que j'ai choisie. Je ne vous demande pas de la suivre, je vous invite à la découvrir.

IV

La Noble Vérité de la Voie

Un long chemin vers la lumière

Un long chemin vers la lumière… Il prend le temps de nombreuses vies humaines, et je suis loin d'avoir achevé ce trajet. Les Enseignements et mes maîtres m'ont cependant suffisamment tracé la Voie pour que je puisse en donner une idée, de façon sans doute simplifiée, mais accessible.

Pour simplifier, donc, je dirai que la Noble Vérité de la Voie doit nous amener à nous libérer des souffrances du samsara en éradiquant toutes nos pulsions, perturbations et émotions néfastes, avec pour résultat de ne plus avoir besoin de renaître pour apurer notre karma.

« En somme, au moment où enfin la souffrance disparaît, on s'en va, ironise Huguette. On n'en profite même pas… »

Oh si, on en profite ! Mais dans une autre dimension de l'esprit. Celle de l'Éveil et de la vacuité. Et le problème est bien là, pour qui veut aborder cette dernière étape. Seuls les *Arhats*, qui sont libérés de la souffrance, et les *Aryas Bodhisattvas*, qui mettent leur propre Éveil au service de tous les êtres, bref les grands Initiés qui ont connu ces états ultimes peuvent en témoigner. Et encore… Le Bouddha lui-même évoquait la difficulté de pareil témoignage. « La vacuité ne peut pas s'enseigner, disait-il. C'est une expérience difficilement transmissible… Mais d'un autre côté, si je n'en parle pas, ce n'est pas la peine que j'enseigne le reste. »

Tenons-nous-en donc, pour l'instant, à une définition un peu floue. La vacuité, c'est un état « vidé » de toutes nos émotions humaines, liées à l'égoïté et à l'ignorance de l'impermanence. Mais, nous l'avons déjà dit, ce n'est pas le vide ! La vacuité, à laquelle on accède quand on parvient à l'état de claire conscience des êtres et des choses, c'est l'illumination suprême, la révélation d'un bonheur absolu dans une plénitude totale.

« Le paradis, quoi ! » résume Huguette, comme si ce n'était pas la peine de faire tant de manières pour en arriver là.

Le paradis, si vous voulez. Mais dénué de toute cette imagerie « sentimentale » à laquelle font appel – pour séduire ? – d'autres religions, ou du moins leurs porte-parole. C'est bien pourquoi, d'ailleurs, ce « paradis » bouddhiste est si compliqué à décrire. Comment mettre des mots sur l'absolu ?

Quoi qu'il en soit, pour y parvenir, il faut se préparer à un long voyage. La Voie nous est proposée, mais elle ne nous est pas offerte, moyennant un péage dérisoire, comme une autoroute de vacances au bout de laquelle nous découvririons, avec un enchantement de touristes, la Riviera de l'Éveil. C'est à nous de faire le chemin. Et pour cela, il va nous falloir débroussailler le paysage épineux de toutes nos tendances nocives. Essarter, arracher les ronces et les mauvaises herbes.

« Habile ! sourit Huguette. Belle métaphore pour nous amener au renoncement. »

Allez donc consulter la première définition de ce mot dans *Le Petit Robert*, chère Huguette. « Renoncement : fait de renoncer (à un agrément), par un effort de volonté, et généralement au profit d'une valeur plus haute. » Dans ce cas, pourquoi donner une connotation frustrante, voire douloureuse, à ce terme ? Prenons un exemple terre à terre : renoncer à fumer est certes difficile. Mais peut-on prétendre que c'est un sacrifice alors qu'on va mieux respirer, mieux goûter les mets, échapper au cancer du poumon s'il n'est pas trop tard ? On s'est juste libéré d'une mauvaise disposition qui ne pouvait que nous nuire. Et l'on aurait des regrets ? On voudrait recommencer ?

Sachez cependant que la Voie n'est pas faite que de renoncement. Ce serait presque trop facile, oserai-je dire. Elle propose aussi des sentes lumineuses, mais qui réclament des lignes d'évolution, de conduite, pas toujours faciles à tenir, et de la discipline. Sans compter deux principes fondamentaux auxquels on ne peut pas déroger : la « non-égoïté » et son corollaire, l'altruisme.

Selon les Enseignements, en effet, le « Moi » n'existe pas en tant que personnage distinct, indépendant des autres êtres vivants, et immuable. Nous sommes la résultante de nos vies antérieures, notre prétendu Moi est une des formes « expérimentales » de ce continuum mental d'énergie sans « identité », en perpétuelle transformation au fil de nos renaissances. Or cette énergie vitale – la seule énergie perdurable, celle de la nature pure de notre être – est inséparable des autres énergies environnantes. L'équanimité au sens bouddhiste du terme – c'est-à-dire l'égalité de tous les êtres vivants et des forces naturelles qui les entourent – est le contraire de l'« égoïté », ce sentiment erroné de notre indépendance souveraine. On ne saurait donc entrer dans la Voie avec comme simple but son petit « grand bonheur » personnel. Le bonheur bouddhiste n'existe que partagé. Voilà pourquoi l'amour et la compassion sont les ultimes et superbes moyens que nous offre le Bouddha pour accéder à la félicité suprême.

« Je n'ai pas envie de me faire nonne », ronchonne Huguette.

Personne n'y est obligé ! On peut suivre la Voie, et même atteindre l'Éveil, sans prononcer de vœux.

Vous seriez surprise, Huguette, du nombre de laïcs ou adeptes d'autres religions qui essaient de progresser sur cette route. Des gens de toutes conditions – travailleurs manuels, intellectuels, artistes, et même des hommes d'affaires que nul ne soupçonnerait de pratiquer très sérieusement la méditation ! Le développement de la spiritualité ne passe pas nécessairement par l'engagement religieux.

Le seul problème, à un certain stade, c'est qu'en restant dans la vie extérieure et dans le tumulte qu'elle suppose, on a un jour du mal à prendre le recul nécessaire à l'accès de la conscience pure, et à ses facultés d'Éveil. Car celles-ci ne relèvent pas seulement de la compréhension de l'esprit. Elles demandent des pratiques méditatives régulières, et une perception différente de la réalité et de notre vraie nature qui exige une concentration intense, de tous les instants dans l'ultime étape. Vient un moment où l'on ressent le besoin de se retirer du monde, sans pour autant s'en désintéresser : n'oublions jamais que le but du voyage n'est pas notre seule satisfaction. Le Dalaï-Lama passe une grande partie de son temps à prier pour son peuple et pour tous les « souffrants » du monde. Et qu'il ait pris « politiquement » sa retraite ne changera rien à l'universalité de sa compassion.

Mais, encore une fois, s'éloigner de l'agitation temporelle n'implique pas de se faire moine. La démarche monastique correspond à une aspiration profonde, religieuse. C'est ce qui m'est arrivé. Et je suis allée plus loin, récemment, en décidant de me consacrer exclusivement à cette aspiration au sein du monastère de Chökhor Ling.

« Telle que je vous connais, c'était peut-être aussi pour atteindre plus vite le but ! plaisante mon insolente qui après tout n'a sans doute pas complètement tort… Et quel est votre emploi du temps, dans votre monastère ? »

Il est très rempli ! D'abord et avant tout, respect des temps de prières, de méditations et autres rituels des moines. Au lever, office du matin au temple. L'après-midi et le soir, autres prières, méditations et Enseignements du Bouddha. Bien sûr, je participe aux occupations ménagères, mais toujours dans l'esprit d'Éveil : pas d'activités futiles ni de déplacements inutiles… Je prépare aussi les enseignements qu'on m'autorise à dispenser au monastère. Je reçois les personnes qui viennent faire des retraites individuelles plus ou moins longues – un jour ou plusieurs. Quand je dis « recevoir », il s'agit de les guider, de les accompagner selon leur demande, leur personnalité et ce dont elles ont besoin ; c'est un travail délicat, d'écoute, d'empathie, de réflexion et de générosité. Rien de programmé dans ces rencontres individuelles, au cas par cas… En revanche, il y a également les grandes retraites – précises dans leur rituel celles-là. Des gens viennent de toute la France et d'ailleurs, à Chökhor Ling, recevoir les Enseignements délivrés parfois par de grands maîtres.

Tout cela ne m'empêche pas d'accepter – avec l'autorisation de mes guides spirituels – de poursuivre la transmission du yoga au sein même du centre monastique de Chökhor Ling : les chemins de la spiritualité ne séparent pas le corps de l'esprit.

Bien sûr, cet emploi du temps et surtout la manière dont je dois l'accomplir supposent une disponibilité et une implication totales. Pas de déjeuners ni dîners à l'extérieur, pas de lèche-vitrines, pas de cinéma. En fait, je sors rarement du monastère, sauf pour des « missions » précises, en harmonie avec ma démarche spirituelle.

Mais ce n'est là qu'un choix particulier.

La Noble Vérité de la Voie, tout le monde peut l'aborder. Il suffit de le vouloir et d'accepter le bien-fondé de cet itinéraire. D'être persuadé que grâce à ces ultimes Enseignements du Bouddha et à leur mise en application, on parviendra un jour à relever le défi de la suppression de la souffrance et de la Vérité qui en résulte. Dans cette vie ou dans une autre, peu importe. Car la bonne nouvelle, c'est que même au royaume de l'impermanence que représente le samsara, les « mérites » accumulés dans notre existence présente ne seront pas perdus. Tout ce qui permet à notre belle nature de se manifester est un acquis durable.

« Au moins reste-t-il quelque chose de nous », murmure Huguette, pensive.

Oui, et il reste le meilleur. Inutile d'espérer thésauriser pour nos vies futures en ayant « trimé comme une brute » afin d'arriver à une notoriété enviable, si cette notoriété ne suppose pas des actes bénéfiques et généreux. De toute façon, la petite notoriété acquise lors de notre bref passage sur terre n'a aucune valeur. Seriez-vous un quidam qui a tendu le bras à un vieil homme pas solide sur ses jambes dans un escalier de métro, vous auriez gagné plus de points sur la route de l'Éveil que le potentat qui n'a jamais regardé que son intérêt personnel. « L'accumulation des mérites » : voilà ce qui mène au bonheur ultime.

Et cela n'a rien à voir avec un exercice imposé par une quelconque morale : c'est une disposition d'esprit, en accord avec notre « belle nature » de Bouddha.

C'est ça, l'essence de la Voie. Encore faut-il y croire. On ne saurait aborder un tel chemin dans le doute : on y perdrait les forces indispensables à l'atteinte du but final. À ce stade, la foi est nécessaire. Pas la foi en un dieu tuteur, la foi en sa nature réelle, et en une autre vérité que celle des apparences.

I

Renoncements et bonnes dispositions

Nous l'avons vu : renoncer n'implique pas de se dépouiller jusqu'à l'ascèse. Il s'agit en réalité d'éviter tout comportement susceptible de nuire aux autres ou à soi. Autant dire que même ceux qui doutent du résultat final de la Noble Vérité de la Voie pourront en tirer des avantages substantiels dans leur vie actuelle. C'est ainsi qu'un certain nombre d'actes – dits « non vertueux » – sont proscrits dans les Enseignements, tandis que les actes vertueux préconisés servent d'antidotes à nos mauvais penchants.

Les dix actes non vertueux : à bannir

Ou du moins à tenter de bannir, car c'est beaucoup moins facile qu'il n'y paraît.

Ne pas tuer

« Ça, c'est relativement faisable ! » s'exclame Huguette.

En général, oui. Sauf en cas de guerre, de révolution ou de légitime défense, où les circonstances vous incitent à éliminer l'adversaire, ce qui marquera quand même votre karma. Le bouddhisme est une religion pacifiste.

Cela dit, quand les Enseignements demandent de ne pas tuer, il s'agit de n'occire *aucun être vivant*. Jusqu'à l'araignée qui vous fait si peur et que vous pouvez chasser sans l'écraser rageusement.

« Donc on doit aussi être végétarien », conclut Huguette.

En principe, on devrait. Mais il ne faut pas non plus tomber dans l'intégrisme. L'idée maîtresse, c'est que les bouddhistes ne doivent pas s'en prendre aux animaux uniquement pour satisfaire leur goût de la viande. Au Tibet, par exemple, il est difficile de faire pousser des légumes ou des céréales sur la croûte craquelée des montagnes. Donc on consomme du yack, mais seulement pour survivre. Tout est dans l'intention. Il est clair en revanche que les chasseurs occidentaux qui font de leurs battues des parties de plaisir en tirant sur des perdreaux (parfois d'élevage !) pour montrer leur habileté ou sur des tigres, en safari, pour confectionner les somptueux manteaux des mondaines ne vont pas alléger leur karma !

Ne pas voler

Là aussi, tout est affaire d'intention. Le malheureux qui « a volé l'orange » à l'étal d'une épicerie parce qu'il crevait de faim n'a pas commis un grand crime. Mais que dire des traders fous qui ruinent la société ? Des politiciens qui s'enrichissent ou achètent le pouvoir avec les deniers publics ? Que dire de l'écrivain qui paraphrase un texte, volant ainsi son inspiration, donc une partie de son âme, à l'auteur initial ? Sans aller jusqu'à ces cas extrêmes, d'ailleurs, combien d'entre nous n'ont-ils pas eu, au cours de leur existence, la tentation de s'approprier un bon mot, une idée, la place, la femme d'un autre ? On ne peut quand même pas prétendre qu'il soit impossible d'éviter de telles pratiques… Et de toute façon il le faut.

Ne pas se livrer à l'inconduite sexuelle

Il ne s'agit pas de renoncer à la sexualité, parfaitement naturelle. Si certains ordres – comme le mien – préconisent ce genre d'abstinence, c'est uniquement dans le but d'utiliser le potentiel de cette formidable énergie à d'autres fins, en dirigeant son esprit vers d'autres sources d'épanouissement, en l'occurrence spirituelles.

Ne pas se livrer à l'inconduite sexuelle, c'est refuser tout comportement qui pourrait porter préjudice à autrui ou à sa propre dignité. S'attaquer à des enfants, violer, bien sûr, mais aussi entraîner un(e) partenaire dans des pratiques ou des partages qu'il ou elle n'approuve pas, ou tout simplement tromper sans vergogne quelqu'un à qui l'on a juré fidélité. Il est interdit, au nom de son propre plaisir, de causer des dommages émotionnels à quiconque. Quant à se prostituer, ou accepter avec délices des sévices contre lesquels on porterait plainte en dehors des jeux de l'alcôve, même si c'est jouissif pour les amateurs – comme toutes les déviances sexuelles –, cela reste une atteinte émotionnelle à sa propre nature authentiquement pure, qui ne saurait être en accord avec l'offense qu'on lui inflige en s'adonnant à ces pratiques.

Là encore, il ne s'agit pas d'une condamnation de moralité, mais d'une inadéquation entre certains comportements et la pureté de l'essence pérenne de notre être.

Ne pas mentir ni se tromper avec des leurres

D'abord parce que mentir, c'est mépriser celui à qui l'on ment, le juger assez insignifiant pour qu'on puisse l'induire en erreur. Sans doute certains « pieux mensonges » se révèlent-ils préférables à une vérité brutale : personne n'irait annoncer à un grand malade qu'il va mourir demain s'il n'éprouve pas lui-même le besoin de savoir, et encore, même dans ce cas, il faut se montrer prudent. Mais en dehors de ces échappatoires généreuses, mentir c'est trahir. C'est polluer l'entente avec l'autre. En plus, mentir, c'est ne pas être vrai, et cette lapalissade en dit plus long qu'on ne pourrait le penser. On se croit malin, on n'est que lâche.

Quant à se mentir à soi-même, c'est le plus pernicieux des mensonges : il vous éloigne de la connaissance de soi, et freine votre juste vision des choses. C'est pourquoi d'ailleurs, parmi les actes non vertueux, est prohibée la prise d'intoxicants : alcool, drogues, et autres moyens d'échapper à soi-même. Nous en parlerons plus tard, dans « Les conduites de l'Octuple Sentier », où s'impose la « vue juste ». Or il est évident que toutes les sortes de drogues (et il n'y a pas que l'alcool et les stupéfiants !) faussent notre façon de voir le monde, la vie, et notre vraie nature.

Ne pas tenir de propos causant la division

« Diviser pour régner » ? Oublions ce précepte de basse politique. Les grandes victoires humanitaires ont été obtenues grâce au rassemblement, pas à la zizanie. Et même dans le privé, susciter une rivalité de mauvais aloi entre ses employés n'est pas le fait d'un bon patron, ni le gage de sa réussite. Dresser les gens les uns contre les autres est une tactique de faible qui ne mène à rien, sauf à propager le mal alentour.

« Je n'ai jamais eu l'intention de faire du mal à quiconque ! » protesterez-vous.

Peut-être. Mais n'avez-vous jamais « dit du mal » de quelqu'un ? La médisance est un poison sournois et indigne, car elle ne laisse aucune chance à l'absent qui en est la victime. On est là, entre copains, et l'on se met à parler d'Untel. On se moque gentiment de son hypocondrie ou de son perfectionnisme flagrants, jusque-là ce n'est pas très grave. Puis l'un de vous insinue qu'Untel n'est pas si blanc qu'il en a l'air, qu'il a fait un sale coup à X ou Y. Un autre renchérit, et un autre encore, qui se demande si… Bref, on lui « taille un costard ». Ce n'est pas vraiment méchant, s'excusera-t-on plus tard. Sauf qu'Untel se retrouve « habillé pour l'hiver » avec les oripeaux dont on l'a affublé ce soir-là, et que ces ragots parfois infondés peuvent lui porter préjudice.

Ne pas utiliser de paroles dures, blessantes

On l'a déjà évoqué : on peut faire des reproches à une personne sans l'insulter ni surtout l'humilier, ce qui est une forme d'agression, et prouve qu'en matière de reproches, il vaudrait mieux d'abord s'en prendre à son ego, à son orgueil et à sa propension à la colère.

Éviter les vains bavardages

Parler pour ne rien dire ne meuble la conversation que de vide. On croit communiquer, on ne fait que gaspiller son énergie, et celle de celui qui subit notre babillage. C'est du temps perdu, nous l'avons déjà dit, or ce temps-là est précieux dans une vie humaine.

*

Voilà pour les actes d'ordre physique et verbal à éviter. Passons maintenant au mental.

Ne pas stimuler le mental avec le désir et l'attachement

Passer sa vie à rêver de ce qu'on ne pourra pas acquérir est source d'amertume. Obtenir toujours plus si on en a les moyens est cause de soucis, d'astreintes supplémentaires et de peur de la dépossession. Est-ce à dire qu'il faille renoncer à tout ? Bien sûr que non. Mais il faudrait, idéalement, pouvoir en être privé sans souffrir. Apprécier une bonne douche chaude au retour d'une randonnée ? On aurait tort de s'en priver. Mais se laver à l'eau froide en cas de panne du chauffe-eau sans en faire un calvaire, voilà la vraie liberté. Ne jamais oublier cela : le renoncement bouddhiste mène à l'extrême liberté. Le Bouddha ne nous demande pas de refuser toutes les douceurs de l'existence, mais nous invite à apprendre à nous en passer sans que notre bonheur en soit affecté. Parce que le vrai bonheur n'est pas là.

Alors, oui, nous devons travailler dans ce sens. Renoncer aux envies impossibles à assouvir, à la cupidité, au désir de nous approprier les choses à tout prix. Au temps de « Tou tou tou you tou », j'ai assisté avec Véronique à des soldes chez Hermès. J'y ai vu une élégante déchirer une serviette de toilette au chiffre de la maison plutôt que de la laisser aux mains de sa voisine. Ce genre de scène est assez emblématique de ce à quoi peut nous mener notre désir de possession et l'attachement qui s'ensuit.

Ne pas même songer à nuire à autrui

Ni pour se venger, on en a déjà parlé, ni pour réaliser ses projets aux dépens de quiconque.

« Et la concurrence, qu'en faites-vous ? s'insurge Huguette. Vous m'avez dit au début de nos entretiens : "La loi de la concurrence, c'est que le meilleur gagne." Mais vous savez bien que l'excellence n'est pas le seul critère de réussite dans la société actuelle. Il y a l'entregent, les appuis, les trafics ou les trocs d'influence ! »

Tant qu'il s'agit de stratégie honnête, rien à dire. Le meilleur, c'est aussi le plus astucieux. Mais si vous obtenez un marché, un mandat ou un poste au prix d'une campagne de dénigrement à l'égard d'un rival, d'un pot-de-vin que sa probité l'empêche de proposer, vous avez élaboré tout un processus mental destiné à gagner, certes, mais aussi à lui nuire. Dans votre bilan karmique, cela sera compté. Votre conscience le sait, qui vous souffle : « Tu ne peux pas faire ça. » Hélas, certains le font quand même. Et les remords ont tôt fait de s'estomper. Mais pour ce qui est du chemin bouddhiste, c'est un échec.

Abandonner les vues erronées

C'est sans doute l'entreprise la plus difficile, et la plus longue. Si les Enseignements nous amènent à accepter totalement l'impermanence, c'est déjà un grand pas. Arriver à se dire qu'il est inutile de faire une tragédie des avatars certes parfois détestables de notre passage sur terre, de toutes nos pertes (jeunesse, amours, richesse, renom, santé) alors que tout cela et nous-mêmes allons disparaître, voilà qui rend plus serein, à coup sûr.

« Ou plus désabusé, marmonne Huguette. En somme, relisons Shakespeare : “La vie est une fable pleine de rage et de fureur, racontée par un idiot et qui ne signifie rien[1].” »

Erreur ! Bien sûr qu'elle signifie quelque chose, cette vie, puisque c'est une étape de première importance vers le triomphe de notre vraie nature. Et c'est pour nous permettre d'accéder à cette ultime nature de Bouddha, libre et sans taches, que s'imposent un certain nombre d'interdits, mais aussi d'antidotes qu'on appelle « les actes vertueux ».

Les dix actes vertueux : antidotes et élargissement

Nous l'avons déjà vu : un moyen de lutter contre nos mauvaises tendances est de cultiver les émotions et dispositions contraires. Les dix actes vertueux sont donc là pour nous détourner des dix actes non vertueux. Mais ils font davantage : ils nous ouvrent des horizons plus vastes, en harmonie avec les préceptes du Bouddha.

Protéger la vie

Cela induit naturellement l'idée de ne pas tuer, mais aussi d'aider tous les êtres, humains

1. Shakespeare, *Macbeth*, acte V, scène 5.

et autres, à mieux vivre, sans les exposer, au nom du progrès mais surtout du profit, à des dangers inacceptables. Est-il besoin de préciser qu'en la matière, il y a beaucoup à faire dans le chantier de l'époque actuelle ? Massacre de la nature, espèces animales en voie d'extinction, mise en péril des habitants de zones aménagées en dépit des lois de la terre, de la mer et du vent, menaces du nucléaire mal contrôlé, couverture sociale réduite à une peau de chagrin, vieux délaissés, jeunes sans repères et sans emploi et la liste n'est pas exhaustive.

Ce livre n'étant pas un traité socio-politique et encore moins une diatribe, je me contenterai d'une remarque : si nous avions tous été profondément imprégnés du précepte bouddhiste de respect de la vie et de notre responsabilité universelle dans sa préservation, ces choses ne se seraient pas produites. Alors, sans nous ériger en moralistes outrecuidants, essayons simplement, dans notre domaine personnel d'action, de suivre ce précepte. Au printemps 2011, le monde entier a salué l'attitude du peuple japonais après le tremblement de terre qui l'a frappé et ses conséquences désastreuses sur le plan nucléaire : partout l'hébétude et l'effroi, certes, mais aussi une calme résignation à tout reconstruire et surtout pas d'émeutes, pas de violences, pas de pillages.

Et j'ose croire que cette attitude perdurera au fil des épreuves qui se présenteront encore. Parce que les Japonais sont en majorité shintoïstes et bouddhistes. Et si ces deux religions diffèrent sur certains points, elles ont en commun le respect total de la vie de l'autre et de ses moyens d'existence. Toute démarche individuelle dans ce sens trouve dans cet exemple collectif sa justification.

Partager ses ressources

Voilà qui exclut bien sûr de voler, mais incite aussi à se montrer généreux. Chacun selon ses moyens, sans doute, seulement y pense-t-on toujours ?

« J'ai trouvé la formule, m'a confié une de mes élèves. Chaque fois qu'il m'arrive quelque chose de bénéfique, je fais un cadeau à une personne qui en a besoin. De l'argent, un appareil ou un médicament qu'elle ne peut s'offrir (eh oui, hélas !)… Mes amies me disent que cela répond à une sorte de superstition. »

On peut toujours chipoter sur les vraies raisons d'un geste altruiste, dire qu'Untel a voulu s'attirer les faveurs du Ciel, ou que les mécènes cultivent grâce à leurs dons leur réputation et leur gloire posthume : l'important, c'est déjà de faire ce geste. Mais il est encore mieux, en effet, d'être intimement convaincu de la nécessité du partage.

Et n'oublions pas que, dans le partage, ne sont pas concernées que les richesses matérielles. On peut également faire profiter les autres de ses connaissances, de son expérience, de son talent, de ses relations et de… sa sagesse ! Les maîtres qui dispensent les Enseignements du Bouddha le font aussi en toute générosité.

Faire preuve de tempérance sexuelle et de fidélité

Ne pas prendre l'acte d'amour pour exutoire de ses angoisses, de son besoin de conquête ou de ses pulsions purement érotiques. Y inclure le partenaire dans toute sa présence, sa sensualité, ses attentes, sa noblesse d'être humain. Une pratique sexuelle purement libidineuse est une offense à la sexualité, qui suppose quand même une « rencontre ». Où est la rencontre, si l'autre n'est qu'un moyen d'assouvir ses besoins ? Quant à la sexualité compulsive, à laquelle certains ne peuvent résister, c'est une addiction parmi d'autres et qui se soigne.

Et pour ce qui est de la fidélité… Y faillir n'est anodin que pour l'infidèle ! Que celui-ci imagine une seconde la situation inverse et il n'aura même pas besoin des Enseignements pour se rendre compte que c'est bien là renier un engagement, solennel ou tacite.

Être vrai

Mentir ne sert à rien. Tôt ou tard la supercherie sera découverte. En une tromperie, vous perdrez la confiance de l'autre, des autres, et en même temps l'estime de vous-même. Sans compter qu'il faut avoir une bonne mémoire, pour ne pas se prendre les pieds dans le tapis de ses affabulations !

La vérité, c'est le plus court chemin entre une difficulté et sa résolution. Avouer tout de suite une erreur, même si elle nous vaut des reproches, libère de l'angoisse. Faire état de ses limites comme de ses compétences au cours d'un entretien d'embauche plaidera plus en votre faveur, au bout du compte, qu'une forfanterie qu'on ne vous pardonnera pas lorsqu'on découvrira vos lacunes. La vérité demande souvent du courage, mais elle nous ouvre aussi les portes de la liberté.

« Toute vérité n'est pas bonne à dire, selon une foule de penseurs », remarque Huguette.

Vous n'êtes pas toujours obligé(e) de la dire ! Et encore moins d'assener à quelqu'un « ses quatre vérités » comme si vous étiez un juge suprême. L'important, c'est que ce qui sort de votre bouche soit vrai. Le silence n'est pas une offense, c'est parfois même une politesse.

Et que soit vrai également, si possible, ce qui trotte dans votre esprit ! On ne peut pas avancer dans la Voie en se berçant d'illusions. Or c'est bien le plus difficile, au départ, car les Vérités des Enseignements ne sont pas toujours de notre goût, ne serait-ce que cette fichue impermanence. Mais si nous n'acceptons pas cette absence totale de tricherie mentale, nous ne pourrons pas avancer. Être vrai, c'est se rapprocher de sa nature pure : un vrai diamant n'a pas de crapaud.

Rassembler, réconcilier, apaiser

Au lieu de semer la discorde. En cas de différend, dans un couple, une famille, une équipe, un État, il y a ceux qui mettent de l'huile sur le feu, et il y a ceux qui cherchent à l'éteindre. Ces derniers sont plus utiles. Et plutôt courageux ! Quand on ressasse ses reproches, en effet, on préfère généralement une oreille complaisante, un vis-à-vis prêt à vous donner raison sans réserve. Le « médiateur » est agaçant. Il cherche à relativiser l'importance des griefs, voire à vous mettre devant vos propres mauvaises interprétations ou manquements. Cela ne fait pas plaisir. Mais au bout du compte, cela peut résoudre ou apaiser bien des conflits. Dans le tumulte de nos émotions, on a souvent besoin d'un élément modérateur, d'une personne qui prône l'harmonie, dût-elle nous faire prendre conscience de la place démesurée que prend notre ego dans certaines querelles.

Mais attention, il ne s'agit pas pour le médiateur de se prendre pour saint Louis rendant la justice sous son chêne ! Rassembler et réconcilier doivent venir d'une disposition du cœur à la paix et au bien-être des autres. En cela, ce sont des vertus bouddhistes.

Proférer des paroles bénéfiques

Ne pas agresser l'autre en l'accusant de tous les maux et de tous les défauts relève de la plus élémentaire courtoisie. Mais si nous essayions, en plus, d'offrir à cet autre, par nos paroles, ce dont il a autant besoin que nous : de la confiance en lui, des encouragements, de la reconnaissance…

« C'est d'ailleurs un très bon moyen de faire passer les reproches, remarque Huguette, toujours pragmatique. Si vous commencez par souligner les qualités de quelqu'un, vous pourrez aborder en douceur le petit "mais", objet de votre mécontentement. »

Sans doute, sauf que suivre les Enseignements, dans ce domaine, ne se limite pas à la diplomatie. Il faut vraiment vouloir « faire du bien » avec ce que l'on dit. Complimenter quelqu'un sur sa mine, sa mise, son travail ou telle action qu'il a entreprise n'a l'air de rien, à première vue, mais c'est offrir à cette personne une bouffée d'énergie phénoménale. Or l'époque est avare de compliments, et encore plus de remerciements.

Ne jamais oublier de remercier ! L'excellence dans le travail accompli, le dévouement en famille ou entre amis, le partage du temps sont autant de cadeaux qu'on nous fait. Certes, ces cadeaux ne demandent pas nécessairement d'être rendus en bienfaits similaires, un don étant par nature gratuit. Mais dire merci ne coûte rien.

Maîtriser sa conversation

La parole n'est valable que si elle exprime une pensée. Discourir sur le destin chaotique des people, déblatérer sur le mariage des princes ou sur les caprices du climat revient souvent à brasser du vide, sauf si quelque événement amène une question de fond. Beaucoup ont recours à ces bavardages par crainte de ne pas se montrer à la hauteur de certains débats. Pourtant, n'avoir rien à dire sur tel ou tel sujet plus ou moins savant n'est pas une honte ! C'est une belle occasion, au contraire, d'écouter plus avisé que soi et d'apprendre. Cela vaut pour la vie quotidienne. Mais pour celui qui suit la Voie, l'écoute et le silence sont plus qu'un moyen de maîtriser son verbe ou son attention : ces pratiques se révèlent indispensables. On n'atteint pas l'essence de l'Être en s'égarant à la surface des mots.

Penser à l'impermanence

Voilà le meilleur antidote contre la course effrénée à l'acquisition de richesses superfétatoires qu'on n'a même pas le loisir d'apprécier, occupé que l'on est par la fièvre de la saisie, de l'attachement et par la peur de la dépossession. Prendre conscience qu'on n'emportera pas dans la tombe ces luxes éphémères permet de calmer cette frénésie dont on est devenu le prisonnier, de se contenter de moins, et d'en profiter davantage. Pour le bouddhiste, cela va bien sûr infiniment plus loin : sans l'acceptation *totale* de l'impermanence, la route de l'Éveil devient une impasse.

Développer l'amour et la compassion

Si vous considérez tous les êtres humains comme vos égaux, vous allez les aimer comme vous vous aimez, vous. Donc vous ne songerez pas une seconde à leur nuire.

« C'est le "Tu aimeras ton prochain comme toi-même" de notre bon vieux catéchisme, note Huguette. Et finalement, les dix actes non vertueux comme leurs antidotes ressemblent aux dix commandements de la Bible, suivis par les juifs autant que par les chrétiens. »

Quand les religions prônent le bien, il est normal que les conseils se recoupent. Mais pas tous ! « Un seul Dieu tu adoreras » et « Tu sanctifieras le jour du Seigneur » : rien de tel dans les Enseignements. De plus – et c'est une nuance de taille –, l'amour selon Bouddha n'a pas la connotation « affective » que lui a conférée à la longue la religion catholique, dans le but, sans doute, « d'humaniser » le message divin et de le rendre plus attractif. Pas plus que la compassion ne sous-entend de « faire la charité ». L'amour bouddhiste relève de l'équanimité : l'autre, c'est moi. Il n'y a pas de séparation, pas de partition. Donc quand je compatis, c'est moi-même qui suis atteint, moi-même que j'aide ou console. Et qui est ce « moi-même » ? C'est ma nature de Bouddha, ma nature profonde, essentiellement altruiste. C'est elle que je dois retrouver, elle dont je dois me rapprocher. Quand j'y parviendrai, aimer, compatir, aider deviendront des dispositions naturelles, normales, sans qu'il soit besoin d'en faire un mélodrame sentimental.

« À vous entendre, ronchonne ma confidente, il semble que toute sentimentalité soit suspecte. »

Mais elle l'est, d'une certaine manière ! Elle fait partie de nos émotions perturbatrices. Venir en aide à un SDF dans la rue désolée du petit matin histoire de se donner bonne conscience pour le reste de la journée, c'est encore cajoler son ego. Ce qu'il faut, c'est arriver à faire le bien sans chercher à en tirer la moindre satisfaction narcissique. Savez-vous de qui se méfient le plus les organisations humanitaires ? De ceux qui proposent de s'engager parce qu'ils « veulent se rendre utiles » ! Les vraies bonnes recrues n'ont aucun désir de valorisation personnelle. Des enfants meurent quelque part sur la Terre de malformations cardiaques, il faut aller les opérer, on y va, c'est tout. En tant que chirurgien, infirmier, brancardier, avec un seul vœu : faire au mieux pour sauver des vies. Le professeur Alain Deloche, fondateur de « La chaîne de l'espoir », évoque les pièges de l'engagement humanitaire, en particulier deux d'entre eux : le « délire messianique », qui fait que soudain l'on se croit apte à sauver le monde, avec toute l'agitation irresponsable qui s'ensuit, et « l'autodestruction par désespoir », quand on se rend compte qu'on n'y arrivera jamais[1]. Eh bien ce sont, là encore, des émotions *sentimentales*. « L'amour et la compassion [bouddhistes, NDA] constituent des états fondamentaux, que l'on pourrait presque tenir

1. Alain Deloche, *Comme un éléphant blanc. Agir à cœur ouvert*, Michel Lafon, Paris, 2005.

pour indépendants d'objets ou de stimuli particuliers[1] », déclare Matthieu Ricard.

« Et la joie ressentie lorsqu'on a vraiment aidé quelqu'un, qu'en faites-vous ? » grogne Huguette.

Cette joie-là n'est pas sentimentale : elle va bien au-delà ! Le bonheur selon Bouddha est trop immense pour se contenter des petits plaisirs de notre affectivité. Il est total, sans adjuvants romanesques. Il rayonne dans la clarté de l'évidence. Encore faut-il le découvrir.

Bref, nous avons un sacré chemin à faire avant d'en arriver à l'altruisme fondamental, la Compassion du Bouddha, un des « Quatre Incommensurables », qui ouvre en grand les portes de l'Éveil.

Mais en attendant, nous pouvons nous y entraîner.

S'exercer à comprendre le sens véritable de toutes choses

Comprendre l'impermanence. Admettre que notre corps n'a qu'une existence éphémère, qu'il va vieillir, mourir, et que nous avons déjà vécu mille morts. Savoir que notre vie actuelle n'est pas insignifiante, puisqu'elle est une étape vers l'Éveil. Et nous allons la vivre, cette vie, avec

1. Matthieu Ricard, *op. cit.*

ses petits bonheurs, ses malheurs, tous passagers, tous temporaires, tous périssables. Est-ce à dire que notre passage sur terre est une illusion ? Non, mais c'est un « bardo » comme d'autres, un état intermédiaire entre deux incarnations : le bardo de notre vie présente, où nous voyons, ressentons, croyons comprendre un certain nombre de choses. Mais les comprenons-nous vraiment telles qu'elles sont ? Dans le bardo du rêve, autre état intermédiaire, on s'y est vraiment cru, cette nuit, sur les sentiers de montagne avec ce chien des Pyrénées doux comme une grosse peluche qui nous guidait jusqu'au sommet et nous faisait voir les étoiles ! Quelle était la *consistance* de ce rêve ? Quelle est la *consistance* de notre vie actuelle ?

Comprendre que ce que nous sommes actuellement n'est pas notre réalité intrinsèque, mais un aspect et une situation temporaires. Et que la véritable nature de notre être reprendra corps, renaîtra, jusqu'à l'Illumination, l'Éveil… Savoir que cet Éveil n'est pas – pour les bouddhistes – une rencontre foudroyante avec un Dieu « humain », ni la révélation d'un mystère, mais que cette graine de Dieu est quand même là, partout, en nous, dans l'espace, hors l'espace, dans tout ce que nous connaissons et ne connaissons pas et que seule la disparition totale de nos perturbations nous permettra de découvrir…

Attention ! Je ne fais pas ici un sermon, je décris juste la Voie que j'ai choisie et qui m'a paru la mieux expérimentée, par le Bouddha. Libre à vous de ne pas adhérer à cette conception, mais c'est la Vérité bouddhiste. Seulement n'allez pas imaginer que tout ce que je viens d'énumérer témoigne chez moi de certitudes acquises. Il me faudra sans doute de nombreuses vies, je le répète, pour qu'elles apparaissent comme telles. Et l'on ne saurait atteindre cette compréhension suprême sans s'y préparer avec un certain nombre de méthodes, de lignes de conduite, de pensée et d'action que le Bouddha nous a transmises sous le nom d'*Octuple Sentier*.

2

Les conduites de l'Octuple Sentier

On n'accède pas à l'Éveil et à la vacuité uniquement en y réfléchissant : il faut d'abord libérer peu à peu son mental des perturbations qui l'empêchent de voir clair. Toutes les grandes découvertes relèvent, à un moment donné, d'une illumination. À force de discipliner leurs méthodes d'investigation, de balayer leurs idées préconçues ou reçues, d'éliminer leurs erreurs, une à une, certains grands mathématiciens ont fini par trouver tout à coup la formule qu'ils cherchaient, comme par intuition. En fait, c'était le résultat d'un long travail mais sur l'instant, bien qu'ils fussent absolument sûrs de la justesse de cette formule, ces savants se sont demandé comment, au bout du compte, ils en étaient arrivés là. Impossible d'expliquer le chemin qui les avait amenés à ce résultat. Sauf que ce chemin, ils l'avaient fait, et qu'en haut de la montagne d'efforts qu'ils avaient consentis à leur quête, le panorama s'était révélé. Eh bien pour l'Éveil, c'est pareil. Nous sommes tous des bouddhas en puissance. L'Éveil n'est pas une grâce, mais un résultat difficilement, longuement obtenu. Donc au lieu de se focaliser sur ce que l'on voit ou croit savoir et de freiner d'autant sa recherche, il convient d'abord de se débarrasser de ses erreurs et de changer sa manière d'être comme de fonctionner.

Ainsi les Enseignements nous proposent-ils, dans l'Octuple Sentier, un ensemble de conduites à tenir, destinées à mettre de côté toutes les mauvaises tendances qui nourrissent notre avidité, nos insatisfactions, nos colères, nos peurs, nos aversions. Cette pratique régulière, quotidienne, va nous amener à renoncer – là, le terme s'impose – à toutes les priorités d'ego et d'attachement-saisie, entre autres, qui masquent la nature pure de notre être, seule capable de révéler l'Illumination.

Mais prenons garde ! Il n'est pas question de nous lancer, sous le coup d'un enthousiasme de néophytes, dans des excès de privations, de mortifications, qui ne serviraient à rien, au contraire.

Avant tout, éviter les délires d'une ascèse de mauvais aloi

Le Bouddha lui-même s'y est laissé prendre, et en a démontré les dangers. Dans l'émerveillement de ses premières découvertes sur la pure nature de l'Être et l'impermanence de toutes choses, Siddharta s'était dit – et ses cinq premiers disciples en furent convaincus – que le corps n'étant qu'un véhicule périssable, il n'était pas utile de lui accorder tant d'importance. Me nourrir ? Quelques herbes et graines suffiront. Me laver ? À quoi bon... Soigner des bobos qui ne touchent que mon petit ego souffreteux ? Du temps gaspillé. Place à la nature profonde, à la méditation, à l'essence de mon être.

Il a vécu ainsi pendant six ans. Six années d'ascétisme. À la fin, il était d'une maigreur affligeante. Ses disciples béaient d'admiration, mais personne d'autre n'aurait songé à le suivre : il faisait peur à voir.

Jusqu'au jour où il faillit mourir.

Là, une femme est arrivée. Elle venait chercher de l'eau à un puits et, près de ce puits, elle a reconnu le saint homme. Elle s'est dit qu'elle ne pouvait pas le laisser dans cet état, presque agonisant. Pourtant, pas question de l'approcher ! Le renoncement du prince Siddharta lui interdisait toute fréquentation féminine, à cause de l'émotion que celle-ci pouvait susciter : une perte d'énergie incompatible avec son ascèse mystique.

La femme pensa toute la nuit à ce qu'elle avait vu et décida de passer outre à ces convenances. Le lendemain, elle revint au puits, apportant du lait et du riz qu'elle déposa près du Bouddha, lequel finalement accepta de s'en nourrir, échappant ainsi au trépas.

Quand il eut repris des forces, Siddharta réfléchit et conclut : « J'ai fait une erreur colossale ! Comment puis-je ouvrir mon esprit au bonheur, à la compassion et à la plénitude si je mets mon corps et ma vie en danger ? »

Ses disciples ne le comprirent pas. Choqués, déçus que leur maître ait « cédé » à la compassion d'une simple femme, ils l'ont renié, et sont partis.

Puis ils ont réfléchi à leur tour, sont revenus. Et c'est là que le Bouddha leur a enseigné « la voie du milieu » : tout excès de zèle est nuisible, tout fanatisme dangereux.

Donc contentons-nous de suivre pas à pas les chemins « raisonnables » de l'Octuple Sentier. Ce n'est déjà pas si simple ! Et la marche est assez longue pour que nous ne gaspillions pas nos forces dans un mysticisme qui est loin, pour l'instant, d'être à notre portée.

Huit façons de se comporter pour se préparer à recevoir la lumière

L'Octuple Sentier, c'est l'ensemble des préceptes à suivre pour parvenir à éviter les dix actes non vertueux qui alourdissent notre karma et nourrissent notre souffrance comme celle des autres, et à pratiquer les dix actes vertueux.

À la lecture, chacun de nous est assez d'accord avec l'énoncé de ces actes prohibés ou recommandés, mais si l'on veut vraiment se conformer aux exigences des Enseignements, il va falloir une vigilance de tous les instants, dans tous les domaines. Nous allons devoir, à chaque avatar ou embûche de la vie, revenir à la *vue juste, la pensée juste, la parole juste, l'action juste, les moyens d'existence justes, l'effort juste, l'attention juste, la concentration juste :* les huit balises de l'Octuple Sentier.

« Tous les lecteurs de ce livre ne sont pas prêts à se soumettre à une telle discipline, remarque Huguette. Il me semble que l'Octuple Sentier est plutôt réservé à ceux qui sont fortement engagés dans la Voie. »

Tous ceux qui ont envie de moins souffrir à cause de leurs perturbations sont déjà engagés dans ce chemin ! Chacun va y mettre sa dose d'efforts, d'obstination, avec plus ou moins de rigueur. Mais si l'on souhaite parvenir au but suprême – la conscience de la vacuité, le nirvana et l'Éveil –, on devra y investir, tôt ou tard, toute son énergie. Dans cette vie et sans doute dans plusieurs autres existences, c'est inéluctable. Donc certes, les personnes qui se consacrent de façon intense à cette évolution suivront de façon plus stricte les Enseignements, mais rien n'empêche les autres de faire un petit bout de route, à leur rythme, et sans vouloir brûler les étapes : ce serait encore agir par orgueil.

Vue juste, compréhension juste

Voir les choses comme elles sont et non comme elles apparaissent. Nous rendre compte que nos souffrances sont amplifiées – voire générées – par nos émotions perturbatrices, elles-mêmes conséquences d'un ego surdimensionné. Nous rappeler que le « je » est non seulement haïssable mais dérisoire. Nous sommes une goutte d'eau dans la mer, donc pas n'importe quoi, puisque sans gouttes d'eau il n'y aurait pas de mer, mais juste une goutte d'eau. Une infinitésimale partie du Grand Tout qui n'est pas plus permanent que nous, évoluant sans cesse. Bref, relisons les chapitres de ce livre, ou, mieux, suivons les Enseignements qui les ont inspirés. Parce qu'on a tôt fait de les oublier, ces Enseignements, ou plutôt de les contourner tant parfois ils nous troublent. C'est normal : ils sont destinés à nous libérer du *samsara*, ils ne sauraient être compatibles avec les perturbations qui le hantent. Notre nature humaine, encombrée d'agrégats, fait tout pour nous en éloigner.

Ne vous y trompez pas : même si vous êtes sur la Voie vont surgir de nouvelles embûches, qui risquent de remettre en cause votre démarche. Plus on approche de la Vérité, plus on va rencontrer d'oppositions. On va rencontrer le doute, l'agacement, la colère…

« De quel droit parlez-vous de vérité ? me lance un auditeur venu à Chökhor Ling pour la première fois. Vous pensez en être les détenteurs ? »

Je lui fais remarquer que je parle ici de la Vérité *selon* Bouddha, et des Vérités de ses Enseignements. Personne n'est obligé d'y croire et aucun lama n'a jamais cherché à convertir quiconque, puisque le bouddhisme est une religion d'expérience. On essaie, on voit les résultats, on décide de poursuivre ou non.

« Tout ça, ce sont des foutaises ! rétorque-t-il, amer. J'y ai cru un moment, mais ça ne tient pas la route. Parce que là, je suis submergé, noyé dans les drames, ma femme est morte, ma fille fâchée, mon usine en faillite, et vous me parlez de méditer ! Mais je ne peux pas méditer ! Je rumine, je m'angoisse, je suis dans un état de détresse totale. Et ce n'est pas de penser à une béatitude problématique dans deux ou trois mille ans qui peut me soulager. Je suis dans la VIE, vous comprenez, dans le matériel, le conflictuel, l'injuste, pas dans le rêve ! »

Eh oui… Parfois – est-ce une épreuve ? – les mauvaises surprises de l'existence engloutissent nos jugements dans la noirceur de nos agrégats et nous mènent au désespoir. Là, il faut essayer, humblement, d'aller retrouver en nous de quoi apaiser notre douleur. Ce quelque chose de pur, de lumineux, de bon, qui va peut-être d'abord nous faire pleurer, pleurer… C'est un premier succès : nous avons quitté la révolte, nous acceptons l'âpre douceur du chagrin, nous lâchons prise. Une sorte d'apaisement nous atteint, qui va nous permettre de prendre du recul, de nous rendre compte que les événements – quels qu'ils soient – n'ont pas, en eux-mêmes, autant de force destructrice que nous leur en prêtons.

Alors seulement, nous pourrons recommencer à penser différemment.

Mémoire juste et pensée juste

Tous les psys vous diront à quel point le passé de chaque être humain peut influencer – voire fausser – son comportement à venir, surtout s'il est empreint de mauvais souvenirs. La philosophie bouddhiste, elle, pense qu'on peut se libérer de pareil héritage. Nous en avons déjà parlé : stocker dans sa mémoire les blessures anciennes, rendre les autres ou les événements responsables de ses propres échecs ou manquements, se culpabiliser vainement en se remémorant les erreurs qu'on a soi-même commises est non seulement vain, mais néfaste. Nous sommes au royaume de l'impermanence, le passé est le passé. Pardonnons le mal qu'on nous a fait, essayons de réparer celui que nous avons pu faire, tirons les leçons de nos mauvaises expériences mais vivons dans la liberté de choix du présent et non dans les chaînes de ce qui *n'existe plus*. La mémoire juste qui sous-tend la pensée du même ordre consiste à se souvenir des conseils du Bouddha. Notre esprit doit se familiariser avec les Enseignements jusqu'à ce qu'un réflexe naturellement accordé à la pensée juste se déclenche au moment nécessaire. Cela va, comme nous l'avons déjà exposé, de la conscience de l'impermanence en toute chose jusqu'au lâcher-prise des saisies.

C'est donc aujourd'hui et maintenant qu'il va falloir apprendre à « penser juste ». Sans avoir peur de la réalité, de la vie, de nous-mêmes, des autres et de la mort.

Faut-il préciser que c'est difficile, parfois à la limite du supportable, et que cela demande du courage ?

Ne pas se leurrer sur soi-même, faire le tour de ses défauts, savoir que les autres sont également faillibles et néanmoins aimables… Admettre de n'être plus ce que l'on a été – physiquement et mentalement – même si l'expérience pallie en grande partie la baisse de réactivité quand vient l'âge… Et accepter la mort. Même pour un disciple de Bouddha, même pour l'adepte le plus fervent d'une autre religion, la mort est parfois une perspective épouvantable.

« Un vieux médecin des hôpitaux m'a raconté ainsi avoir soigné un évêque, à un stade avancé d'une grave maladie, se souvient Huguette. Un jour, le prélat lui a demandé "pour combien de temps il en avait". Devant l'hésitation du médecin à lui répondre, il a insisté, non sans humour : "Vous savez, le paradis ne me fait pas peur !" Le médecin s'est laissé convaincre et il a murmuré : "Six mois, un an peut-être…" L'évêque a pâli, mais est resté digne… Quelque temps plus tard, il a revu son médecin. Il était toujours aussi souriant, apparemment calme. Pourtant, à la fin de la consultation, il a dit à celui qui était devenu un ami : "Je me suis trompé. Je n'ai pas peur du paradis, mais j'ai découvert que la mort m'était intolérable. Ce fut atroce. Alors, ne vous laissez jamais plus prendre au genre de piège que je vous ai tendu, sous prétexte que je voulais régler quelques affaires." »

La mort, il faut l'apprivoiser, méditer sur elle, ce n'est qu'une étape vers la prochaine renaissance.

✔ *Méditer sur la mort ; le seul moyen de bien vivre*

« Vous tenez à mettre notre moral complètement à plat ? » grogne Huguette.

Non. Je voudrais juste essayer de vous donner quelques moyens d'échapper à cette terreur existentielle. Au lieu de nous égarer dans toutes sortes de chemins de traverse avec le vain espoir de calmer cette épouvante, réfléchissons... Nous allons tous mourir, et « nous ne savons ni le jour ni l'heure ». Voilà une bonne raison de « profiter » de chaque instant ! Pas en le noyant dans des flots de champagne ou autres débauches chères à ceux qui veulent oublier leur état de mortels : plutôt en acceptant l'inéluctable et en se demandant ce qu'on fait – présentement – de sa traversée de l'existence. En général, on remet toujours à demain ce genre de bilan. Il ne s'impose à vous – et encore ! – que lorsque l'âge et l'imminence du trépas vous soufflent la question : qu'ai-je fait de ma vie ?

C'est souvent un peu tard...

Aussi dès aujourd'hui, sans perdre votre temps à trembler, envisagez cette fatalité et faites-en le socle d'une façon de vivre plus sereine. Prenez du recul pour découvrir ce qui compte vraiment, dans votre passage éphémère au cœur du *samsara*. Le surmenage que vous impose votre course au succès vaut-il de mettre en péril votre santé, le bonheur de vos proches que vous dites aimer, votre trajectoire spirituelle ? Votre tempérament fougueux, ambitieux, insatiable vous apporte-t-il le bonheur ? Un « oui » menteur ne résistera pas à l'examen tranquille de la plus petite tentative de méditation.

Tant il est vrai que, au lieu de se perdre en conjectures sur la date de sa mort, c'est sur sa vie, essentiellement, qu'il ne faut pas se tromper. Ne pas occulter ses problèmes, ses douleurs, ne pas rêver son existence sans tenir compte des contingences.

Et surtout, ne pas se fabriquer d'illusions en fuyant.

✔ *Ne pas utiliser d'intoxicants !*

Les Enseignements insistent sur ce point, parce que les intoxicants nuisent à la clairvoyance, à la justesse de la pensée.

Bien sûr, quand on dit « intoxicants », on pense tout de suite à l'alcool et aux drogues, mais il n'y a pas qu'eux. Il y a toutes sortes d'activités – apparemment sans danger – qui tendent à « noyer » nos problèmes et à brouiller notre esprit. Cependant, il est évident que les vraies drogues sont les plus dangereuses, et qu'il est difficile de s'en libérer. Que se passe-t-il, en effet, en cas de sevrage ? Au fil de votre addiction, votre cerveau a pris note du fait que sa propre production de substances dispensatrices de tonus, d'euphorie ou d'apaisement – dopamine, sérotonine, endorphines, etc. – est remplacée par d'autres substances qui semblent avoir une action similaire. Donc il a peu à peu arrêté sa production. Et quand vous cessez d'être stimulé, euphorisé ou calmé par l'alcool, la cocaïne, l'opium ou autres produits encore plus dangereux, il est en grève depuis belle lurette. Vous vous retrouvez alors en état de manque insoutenable. Et avant que les fonctions cérébrales se rétablissent – car elles finissent par se rétablir –, vous avez un mal fou à ne pas rechuter. Mais cela vaut la peine de résister, en attendant que tout revienne à la normale. La méditation, dans ce domaine, peut apporter un réel « plus » aux traitements antidépendance. À condition de la pratiquer régulièrement, quotidiennement, en visualisant d'une part les ravages provoqués par votre drogue favorite (et vous les connaissez !), d'autre part la *liberté* recouvrée lorsque vous aurez définitivement renoncé.

« De toute façon, remarque Huguette, je ne pense pas qu'un alcoolique ou un drogué aient envie de s'engager sur la Voie du Bouddha… »

Erreur, Huguette ! Si ces « addicts » ont compris les périls de leurs pratiques, ils peuvent être tentés de s'en libérer en découvrant les bienfaits des Enseignements. Il ne faut pas croire que les alcooliques et drogués sont tous des imbéciles sans neurones ! Ce sont souvent des gens qui souffrent, et encore plus souvent des quêteurs d'absolu. Des êtres qui voudraient davantage que ce que la vie leur offre, et pas forcément des richesses : plus d'amour alentour, plus de qualités chez eux, plus de révélations aussi, sur le sens de cette vie qui les déçoit. L'alcool leur procure une euphorie cautérisante, les drogues peuvent les entraîner très loin, hors d'eux-mêmes, dans des découvertes hallucinatoires qui ne résistent pas, hélas, au drame de la « descente ». Lorsqu'ils constatent à temps les dégâts, et s'ils parviennent à admettre que l'esprit humain n'a pas besoin de drogues pour rencontrer les délices du bonheur intérieur, ils peuvent devenir de grands adeptes de la doctrine de Bouddha. Mais pour envisager cela, on doit être bien accompagné.

Il faut cesser de croire que le bouddhisme est réservé à des graines de saints, ou au moins à des gens déjà évolués, et d'une intelligence au-dessus de la moyenne. « La sagesse n'inclut pas nécessairement l'intelligence[1] », nous dit le Dalaï-Lama.

1. Sa Sainteté le Dalaï-Lama et le Vénérable Maître chan Shengyen, *Au cœur de l'Éveil. Dialogue sur les bouddhismes tibétain et chinois*, Jean-Claude Lattès, Paris, 2005.

Une pensée pure, un élargissement du cœur, et l'humble « connaissance » d'un être analphabète peuvent mener à l'Éveil.

Cela dit, pour en revenir aux intoxicants, les addictions ne se limitent pas à l'absorption de produits toxiques. Tout ce qui noie notre esprit dans une distraction en forme de fuite est également néfaste, même si c'est moins nocif pour la santé que les amphétamines ou le peyotl. Les achats compulsifs, l'abrutissement devant la télévision, le jeu non plus comme amusement mais comme nécessité incontrôlable, la lecture frénétique de romans d'évasion.

« Michel Lafon va être content, quand il va lire ça ! » grince ma directrice littéraire.

Je n'ai pas dit qu'il ne fallait pas lire, ni ne jamais regarder la télévision, ni qu'on devait s'en tenir aux grands traités philosophiques ! Simplement, on ne doit pas occulter les réalités de l'existence en abusant de ces « ailleurs » qui nous éloignent de nos problèmes et de toute réflexion. C'est du reste pourquoi j'ai pris soin de parler de « romans d'évasion ». Un vrai grand roman, à mon humble avis, touche toujours quelque chose en nous qui nous incite à réfléchir sur notre condition humaine.

« Je connais des personnes très savantes et sérieuses qui adorent se vider la tête avec un bouquin à l'eau de rose, objecte Huguette. C'est mauvais ? »

À petites doses, non. Mais se gaver de ce genre de sucreries et en faire un faux remède, ça, c'est décommandé ! De la même façon, on peut se promener avec délices dans une aventure picaresque, frissonner avec un bon thriller, faire travailler ses neurones avec des mots croisés, à condition de ne pas s'en servir comme on se sert des drogues : pour oublier ses angoisses, sa propre trajectoire, son accomplissement. Ce n'est pas en s'oubliant ni en se berçant d'illusions qu'on a la moindre chance de se trouver.

Parole juste

La parole juste consiste à exprimer une pensée juste, et à tenir des propos bénéfiques à autrui. Nous l'avons déjà dit, il convient de renoncer aux bavardages inconsistants. Il faut aussi faire l'effort d'être clair, et compréhensible. Certaines personnes sont tellement persuadées du bien-fondé de leurs propos – à moins que ce soit le contraire ! – qu'elles abrutissent leur entourage avec des élucubrations péremptoires auxquelles celui-ci ne comprend rien. Ayons pitié de ceux qui nous écoutent…

Et n'exprimons pas à haute voix et à tout bout de champ nos doutes, nos découragements et nos aversions. La parole est une énergie. Si elle est négative, elle entraîne des effets similaires, qui reviennent vers nous comme un boomerang.

En résumé, simplifions notre parole. Ne formulons que ce dont nous sommes sûrs, évitons la médisance et, si nous élaborons un projet, essayons de le « mettre en mots » : c'est un excellent moyen d'évaluer la valeur d'une action.

Action juste

Inutile d'en faire des pages : l'action juste implique de faire ce qui est conforme à l'éthique, donc sans nuire à qui que ce soit. Ne pas tenir ses promesses, refuser un avancement à un collaborateur émérite pour « caser » le protégé d'un partenaire important, ne pas associer son personnel à sa réussite ou simplement utiliser un aérosol à la place du bon vieux vaporisateur sans gaz qui ne met pas à mal la planète, ce n'est pas puni par la loi, mais par le karma, si ! Fouiller dans les affaires de votre fils pour tenter de voir clair dans ses comportements bizarres, même si c'est « compréhensible », est une atteinte à la confiance qu'il vous porte, donc banni. Quant à inciter à la haine par ses déclarations ou ses écrits, c'est un crime. Wagner et Céline sont sans doute des génies, mais leur antisémitisme

« militant » a dû leur valoir quelques soucis dans leurs incarnations suivantes.

Agissons, oui ! Mais non sans avoir longuement, et sincèrement réfléchi à la portée de nos actes.

Et ne nous lançons pas dans l'action pour éviter de penser !

✔ *Ne pas confondre action et suractivité*

La suractivité est une addiction comme une autre. À peine une chose terminée, il faut que vous en commenciez une nouvelle. Monter une nouvelle entreprise, organiser une nouvelle fête, un nouveau voyage. Faire, toujours faire… Regardez celui-ci, qui vient d'aménager son garage et s'attaque aussitôt à la cabane au fond du jardin avant d'élaguer le poirier qui n'en a nul besoin. Il force, il sue, il se démène et quand, épuisé, il revient vers sa femme en train de se détendre tranquillement sur sa balancelle, il demande à bout de souffle : « Et maintenant, qu'est-ce qu'on fait ? »

Mais posez-vous, bon sang ! Et reposez-vous. Certes, on ne fait de mal à personne en s'agitant de la sorte, mais on ne réfléchit jamais. À son présent, à son avenir, à la signification de cette frénésie compulsive, à son épanouissement personnel.

Ceux qui sont engagés dans la Voie doivent, eux, constamment faire preuve de mesure. Même dans l'étude des Enseignements ! Les propositions du Bouddha ne se récitent pas par cœur comme autrefois les départements et leurs chefs-lieux. Lors des grandes méditations solitaires – dont je reparlerai –, savez-vous ce qu'on nous impose comme lecture ? Une page ! Une page par jour des Enseignements. À lire, relire et méditer…

« Quand je vois les employés de certaines grandes chaînes hôtelières faire quinze chambres au lieu de dix dans le même intervalle de temps pour "mériter" leurs trente-cinq heures, je vous jure qu'elles se passeraient bien de leur suractivité ! lance Huguette, un peu énervée. La vie moderne n'est pas très compatible avec certains préceptes bouddhistes. »

Ce n'est pas « la vie moderne » qui n'est pas compatible ! Ce sont les dirigeants de ces chaînes, dont les moyens d'existence ne sont pas en adéquation avec les conseils du Bouddha.

Moyens d'existence justes

Vouloir gagner de l'argent est tout à fait normal, mais pas à n'importe quel prix, c'est-à-dire, comme toujours, pas au détriment des autres. Les vagues de suicides qui affectent de nombreuses entreprises et administrations ne sont pas une « mode », mais une épidémie révélatrice d'abus de gestion que certains directeurs et patrons devront payer plus tard…

Cela dit, il n'y a pas que les gestionnaires à n'être pas gênés par leur conscience. Si vous travaillez pour une boîte aux procédés douteux qui ne vous échappent pas, rappelez-vous que le karma collectif existe. Il faut gagner sa vie, certes, mais en essayant de ne pas la perdre… au regard de sa propre éthique.

« Le travail est rare de nos jours », objecte Huguette.

Sans doute. Mais nombre de psys vous diront qu'ils ont à traiter, en thérapie, des personnes en pleine dépression nerveuse, justement parce que leur éthique ne peut admettre la façon dont on leur demande d'exercer leur métier. Et au bout du compte, beaucoup d'entre elles préfèrent se mettre provisoirement en danger de chômage et trouver le courage d'aller chercher ailleurs, même à moindre salaire, le moyen de ne pas tomber complètement malades.

« Des disciples du Bouddha, sans doute ? » ironise ma contradictrice.

Oh, vous savez, se prévaloir de l'appartenance à un idéal quel qu'il soit n'empêche pas certains de se tromper de moyens d'existence !

Ainsi, tous les prêcheurs de pacotille qui soulèvent les espoirs des foules avec des promesses de miracles qui n'auront jamais lieu auront à payer leurs mensonges et leurs désirs de gloire égomaniaques, mais aussi l'erreur profonde dans laquelle ils auront entraîné des milliers d'individus.

Aucun chemin spirituel n'est facile. Ceux qui sont engagés dans la Voie le savent bien : elle exige autre chose que de l'exaltation.

Effort juste – Attention juste – Concentration juste

Le Bouddha nous recommande un effort « joyeusement consenti », certes, mais il ne nous réclame pas de prouesses, ce serait impossible à réaliser ! Pour avancer sur le chemin, il convient de se montrer raisonnable, au contraire, modéré, humble et… tenace.

Pour « tenir », la première qualité qui s'impose est l'attention. Sur ses faiblesses, ses imperfections, sur toutes les Vérités des Enseignements, sur la bonne nature que nous avons en nous, l'impermanence, les illusions du monde qui nous entoure, les oppositions que nous allons rencontrer.

Et pour pénétrer, petit à petit, dans l'esprit d'Éveil, il nous faudra nous concentrer sur ce but final, et sur chaque étape qui nous permettra d'y parvenir.

Quand on aborde ce chemin, on a l'impression d'avoir à gravir les pentes de l'Everest et certains croient, parfois, ne jamais y parvenir.

Et pourtant si, on peut. Les esprits éclairés, les *Arhats* et les *Aryas Bodhisattvas*, les bouddhas l'ont prouvé. Mais pour cela, il va falloir se plier à d'autres exigences…

3
Les moyens de gravir la montagne

« Là, je sens qu'on ne va plus du tout rigoler », lance Huguette avec une trivialité sans humour, tant elle redoute de rebuter le lecteur.

Disons qu'on ne saurait plaisanter, ni tricher, avec les moyens nécessaires à l'épanouissement spirituel qui peut mener à l'Éveil. À ce stade de l'engagement, il faut sacrifier un certain nombre de « distractions ». Se consacrer – entre autres – à l'étude des Enseignements, accepter la direction d'un maître qui nous aide à les comprendre et à les suivre, réfléchir à tout ce qui nous reste d'agrégats contaminés (des tonnes !) et aller plus loin dans la méditation pour chercher à saisir l'ultime Vérité. Dans cette démarche, l'amateurisme ne saurait suffire. Mais cela n'empêche pas la gaieté, au contraire, ni la joie suprême pour ceux qui arriveront au bout du chemin. Et pour répondre à vos inquiétudes, chère Huguette, je dirai simplement aux lecteurs qui ne se sentent pas concernés par cette dernière longue marche

– ou qui même doutent de son utilité – de lire les pages qui suivent comme une simple information. Le Bouddha n'a jamais tenté de faire des émules contre leur gré !

Fuir les préoccupations mondaines

Les Enseignements ne parlent pas ici des dîners en ville, sauteries diverses et autres « mondanités » qu'on est naturellement amené à abandonner si l'on veut se concentrer sur le nirvana voire l'Éveil. Par « préoccupations mondaines », la pratique bouddhiste entend « tout ce qui a rapport à ce monde », donc au *samsara*, donc, surtout, à ce qui satisfait notre ego.

Celui qui cherche à s'élever ne va pas se priver des petits bonheurs que lui offre la vie quotidienne, mais il va privilégier son aspiration spirituelle et, pour mieux suivre celle-ci, renoncer aux satisfactions narcissiques, à son besoin de « saisir » toutes choses, et aux gratifications de l'orgueil.

Renoncer au désir des choses matérielles

Aux richesses, aux toilettes, à toutes les acquisitions superfétatoires. Il ne s'agit pas d'aller vivre en ermite dans une grotte – même si certains êtres éclairés le font –, il s'agit de ne pas cultiver le désir de posséder des biens qui ne nous sont pas indispensables. Les droits de ce livre, par exemple, ne me serviront pas à acheter des gadgets ni à m'offrir une croisière, mais me permettront de participer aux œuvres du monastère de Chökhor Ling, que j'ai offert au Bouddha.

Renoncer au désir d'être heureux

Ou plus exactement au désir d'être heureux selon les vœux de la plupart des gens qui traversent le *samsara*. Car on doit être heureux, sur la Voie ! Rappelons-nous les paroles du Bouddha : « Un effort joyeusement consenti. » Mais on ne doit pas fonder de vains espoirs sur le bonheur tel qu'on l'entend ordinairement ici-bas : l'amour, la réussite, la fortune, la santé...

Ne voyez pas dans ce renoncement un masochisme genre autopunition chère à certains martyrs, mais une forme de sagesse. Évidemment nous souhaitons tous bien nous porter, ne pas nous retrouver dans la misère, et être aimés ! Seulement suivre la Voie, c'est savoir que tout ce qui nous arrive d'agréable ou de désagréable a une cause, qu'il s'agisse d'une dette karmique ou d'une épreuve destinée à nous faire évoluer.

Donc il convient de ne pas miser sur des félicités aléatoires, et de pallier les accidents de la vie dans la mesure de nos moyens.

Renoncer à être admiré

L'admiration fait du bien à l'ego, mais si l'on s'en trouve privé, ça peut lui faire beaucoup de mal ! À quoi bon souffrir pour une déception d'amour-propre ? Contentons-nous de réaliser au mieux nos tâches, en respectant l'éthique adéquate, et sans craindre la critique !

Quand j'ai demandé à mes maîtres la permission d'écrire ce livre et d'en assurer la promotion, tous m'ont répondu : « Si votre motivation est altruiste, consiste à témoigner de la parole du Bouddha en des termes accessibles aux néophytes, c'est parfait. En revanche, si vous visez le succès personnel, c'est non. Et si vous redoutez une seconde d'être critiquée, c'est fini. Vous aurez perdu la pureté de votre motivation, donc ce sera une erreur. »

Ce discours est valable pour tout un chacun, qu'on soit ou non sur la Voie. Si vous avez un projet *honorable*, bien structuré, ne le polluez pas dès le départ avec la hantise de l'échec, le rêve égotique de devenir une vedette, ni avec la crainte du jugement d'autrui ; ce sont là autant de freins à la seule réussite qui vaille : celle de votre action, si elle est « juste », évidemment.

Renoncer au désir de réputation

Être célèbre : un fantasme très à la mode. Être célèbre, même le temps du fameux quart d'heure dont parle Andy Warhol ! Je ne pense pas que le Bouddha se soit jamais dit : « Chic, grâce à mes Enseignements, on me célébrera encore vingt-sept siècles après ma mort ! » Il avait trop à faire avec son cheminement et les souffrances de l'humanité.

Certes, être réputé nous flatte. Mais à l'aune de nos multiples existences et de l'impermanence de l'univers, est-ce assuré pour bien longtemps, est-ce si primordial ? Quel opéré « à cœur ouvert » quasiment ressuscité par la chirurgie moderne se souvient-il de Michel Servet, banni par ses confrères médecins, dénoncé par l'Inquisition, brûlé le 27 octobre 1553 aux portes de Genève ? Ce fut pourtant le premier à décrire correctement la circulation sanguine, ouvrant ainsi la porte aux traitements des diverses maladies cardio-vasculaires[1]...

Alors, Voie ou pas Voie, cessons de cultiver ces chimères, agissons pour le mieux, et rappelons-nous que beaucoup de personnes sages

1. Alain Deloche, *Le Roman du cœur. 5 000 ans pour le conquérir,* Michel Lafon, Paris, 2008.

se trouvent heureuses sans être « de notoriété publique », selon le pléonasme. N'oublions pas, de surcroît, que si la célébrité salue souvent des œuvres admirables, elle se fait aussi parfois le sinistre écho d'actes ignominieux. Jack l'Éventreur aussi est devenu célèbre !

En tout cas, le dur travail qu'impose la Quatrième Noble Vérité ne saurait s'encombrer de ces rêves d'orgueil.

Renoncer au désir de ne pas connaître les situations contraires

C'est-à-dire ne pas perdre son temps à redouter de ne rien posséder ou presque, d'être malheureux, transparent aux yeux des autres et sans le moindre article nous concernant dans les journaux. Cela n'implique pas de souhaiter la misère, le malheur et l'absence de reconnaissance dans la société : il faut juste admettre les aléas imprévisibles de notre passage sur terre et ne pas vivre dans la peur, qui paralyse toute espèce d'épanouissement.

Si l'on arrive à se libérer de tous ces désirs encombrants, la place est libre pour l'étude et la pratique des Enseignements.

L'écoute, la réflexion, et la nécessité du maître

Comment faire pour avancer dans la Voie ? Notre Bouddha Shakyamuni nous engage à étudier les Enseignements des Quatre Nobles Vérités avec attention, qu'on les lise ou qu'on les reçoive de la bouche d'un maître. Et d'avoir, pour les mettre en pratique, une motivation forte et soutenue de la façon suivante :

- Se considérer comme une personne malade de ses souffrances.
- Considérer le Dharma (la voie libératrice des Enseignements) comme un remède.
- Voir dans ce Dharma un miroir où apparaissent tous nos défauts pour découvrir où réside le problème, et attaquer ces « agrégats contaminés » un à un.
- Prendre refuge dans la Sangha – la communauté des religieux, en particulier la Sangha des êtres éclairés, le Bouddha en tête et les autres grands maîtres du passé et du présent – pour consolider sa résolution, parvenir à la libération par les moyens de la compassion et la vision juste de la vacuité.
- Pratiquer régulièrement. Si vous voulez rééduquer une jambe après une fracture, ce

n'est pas en vous en occupant une fois par semaine que vous y parviendrez. Pas plus que vous n'arriverez à maîtriser une langue étrangère en apprenant trois mots tous les six mois. Or les Enseignements sont pour l'apprenti bouddhiste un langage étranger, une autre façon de voir et de présenter les choses, il faut s'exercer à sa compréhension.

Cela nécessite, bien sûr, d'écouter correctement (rappelez-vous le symbole des « quatre pots » évoqué au début de ce livre), c'est-à-dire sans *a priori*, sans réactions ni jugements prématurés : j'entends, j'engrange, je mets en pratique et je vois ce qui se passe.

Et avant de mettre en pratique, je *réfléchis* à ce que je viens de lire ou d'entendre. Je m'assure d'avoir bien compris, de ne pas mal interpréter. Je débusque les mauvaises dispositions que telle page des Enseignements vient de mettre en lumière chez moi… Je médite là-dessus, et enfin, je tente de suivre ces Enseignements dans la vie quotidienne. J'ai dû pour ma part beaucoup lutter – entre autres – contre une nature très vive, méditerranéenne, volontaire, qui a sans doute fait les beaux jours de la « Gym Tonic », mais qui demande un peu plus de self-control dans ma trajectoire actuelle ! Tous ces efforts passent par la réflexion et la méditation, sans compter la vision juste de la vacuité qui, elle, demande des aptitudes encore plus difficiles à acquérir.

Face à un tel programme, il n'est pas besoin d'un long discours pour faire admettre qu'on ne peut le suivre seul(e).

Aucun chemin spirituel d'envergure
ne peut se faire sans maître.

« Vous nous avez dit que notre premier maître, c'était nous », s'étonne Huguette.

Certes. Ou du moins une partie de nous, notre maître intérieur : cette nature pure qui sait où sont le bien et le mal, et nous fait deviner quand nous sommes sur la mauvaise pente. Un ado délinquant sait parfaitement que voler n'est pas un acte juste, et même s'il frime en disant, dans son langage châtié, « Je me fous que ce soit bien ou mal, il me faut de la thune », il n'ignore pas que c'est une mauvaise chose, et pas uniquement aux yeux de la loi : au regard de sa conscience, de sa nature profonde, qui l'alerte, l'irrite, et le rend parfois d'autant plus agressif.

Cette nature pure, si nous l'écoutons, peut nous amener à réfléchir sur notre condition et intervient sans doute dans notre désir de nous ouvrir à diverses philosophies ou religions susceptibles d'élargir notre horizon. Sans elle, on n'aurait jamais l'idée, par exemple, d'aborder les Enseignements.

Seulement quand on a pris la décision de les suivre, quand on se trouve au pied de cette montagne de conseils, de vérités pas toujours faciles à admettre, on se sent un peu perdu, voire déstabilisé. Là, il est impératif de faire appel à un maître « extérieur ». Encore faut-il ne pas se tromper.

« Vous avez cité l'adage bouddhiste selon lequel “on ne cherche pas un maître, il se présente quand on est prêt”... »

Cela ne veut pas dire qu'il nous apparaît comme par miracle au coin d'une rue ! Cela signifie que lorsque vous comprenez que vous ne pouvez pas continuer la route sans aide, vous allez vous mettre en quête d'une guidance, donc vous donner les chances de la trouver.

Hélas, de nos jours, les vrais maîtres se font rares : beaucoup d'artistes, peu d'authentiques serviteurs de la pensée du Bouddha. Les « artistes » rassemblent autour d'eux un grand nombre de personnes auxquelles ils promettent la lune en contrepartie de l'argent et de la gloire qu'ils réclament, et prétendent transmettre, par divers cérémoniaux supposés être thérapeutiques, une énergie qu'ils ne possèdent pas. Le terme d'énergie est terriblement galvaudé, ces temps-ci.

Les vrais maîtres, eux, dispensent une énergie réelle, phénoménale, mais ne s'en vantent jamais. J'ai reçu cette énergie quand j'ai rencontré le Dalaï-Lama, quand Lama Kyabjé Zopa Rinpoché a accepté mon premier engagement monastique, quand Son Éminence Kyabjé Gosok Rinpoché m'a conféré le deuxième niveau d'ordination au Tibet. Ce fut chaque fois un cadeau inestimable, donné et ressenti dans les profondeurs de l'Être…

Aujourd'hui, je bénéficie des avis éclairés du cofondateur de Chökhor Ling, le Vénérable Geshé Thupten Khédroup, qui a positionné le monastère comme tel, avec l'inestimable soutien de Son Éminence Thamthog Rinpoché, véritable protecteur de Chokhor Ling, qui est venu officiellement consacrer ce lieu saint.

J'ai aussi le privilège de pouvoir recourir au Droupen Lama Drupgyu, un maître de méditation, mais pas seulement. Il fut l'un des tout premiers disciples du Très Vénérable Kalou Rinpoché qui, après avoir institué les longues retraites de trois ans, lui confia la charge de les guider. Je le vois régulièrement, je reçois de lui des instructions concernant les retraites fermées dans lesquelles je m'engage, il me donne son avis sur mon travail intérieur personnel, me prodigue ses conseils en cas de difficulté, et me guide dans les longues méditations que j'entreprends dans mes retraites solitaires ainsi que dans la découverte progressive de la Quatrième Noble Vérité. C'est là une aide très précieuse car, entre nos perturbations émotionnelles et notre façon sans recul de les analyser, nous avons souvent du mal à voir clair. Nous avons toujours besoin d'un témoin de cet ordre, qui nous montre autre chose de nous et nous ouvre à d'autres possibilités d'épanouissement. C'est dire si cet « ami spirituel » doit être digne d'une confiance absolue : nous lui livrons le côté sacré de notre intimité.

Tous ces maîtres sont dans la lignée des disciples de Bouddha. Beaucoup d'entre eux sont des lamas. Or on n'accède au titre de lama – en dehors des études des Enseignements qu'on a faites – qu'après une retraite de trois ans, trois mois et trois jours, solitaire et fermée au monde extérieur, au cours de laquelle on reçoit une éducation bouddhique totale, Enseignements approfondis, rituels et méditations au niveau le plus abouti. Il n'y a pas de place, ici, pour les plaisantins. Cela dit, le titre de lama ne fait pas pour autant le maître, pas plus que l'habit ne saurait faire le moine.

« Justement, remarque ma pragmatique intervieweuse, parmi les autres, comment, quand on est au début de sa quête, différencier un plaisantin d'un bon maître ? »

Dans les temps anciens, avant de suivre pieds et poings liés un guide spirituel, on passait plusieurs années à l'observer. Sa vie était-elle en accord avec ses paroles, son talent d'orateur s'appuyait-il sur des Textes officiels ou cherchait-il simplement à séduire ? Dans ce dernier cas, le tricheur était facile à repérer : il avait trop d'ego pour être un disciple éclairé du Bouddha.

Aujourd'hui, on va sans doute un peu plus vite dans sa recherche, mais le choix réclame toujours la même prudence. Et quand le fameux adage parle d'être prêt, il sous-entend qu'avant de chercher un maître, il faut déjà s'être libéré de nombreuses problématiques et idées fausses afin de faire preuve de discernement, et aussi avoir une aspiration assez juste et profonde pour ne pas se laisser prendre aux leurres théâtralisés des faux prophètes. La route de l'Éveil n'est pas séduisante d'emblée, et ceux qui croient aux promesses pièges d'un chemin spirituel facile sont souvent de faux prétendants à la spiritualité.

Le premier critère de choix est l'exemple : le maître doit être en adéquation avec ses principes, il n'est pas possible d'être un maître si l'on n'est pas soi-même au plus proche de ce que l'on enseigne. Deuxième critère : l'expérience, et c'est le plus important. Un guide, c'est quelqu'un qui a mis en expérience les Enseignements, et qui montre à l'humanité un comportement et une sagesse ne pouvant reposer que sur un état d'être stabilisé. Un maître spirituel authentique, c'est une voix de paix, de justice et d'amour. Les vrais maîtres sont toujours issus d'une lignée, ils remontent au Bouddha et ils ont en eux cette graine d'Éveil éclose qui leur permet de nous accompagner dans notre quête, de nous aider à obtenir la vision juste du monde et de nous engager dans la compassion universelle.

« Je ne comprends pas, hasarde timidement (pour une fois !) Huguette. Vous-même dispensez des Enseignements. Pourtant vous reconnaissez n'être qu'au début du chemin... »

Des décennies d'études, une ordination, un monastère *scellent* le début du chemin ! Ils encadrent et protègent le parcours, mais rien de cela ne prouve quoi que ce soit au regard des réalisations spirituelles. La progression est intérieure, elle se mesure à l'état d'être qui sait ce qu'il faut faire, s'y emploie et y parvient.

Cela suppose une lente marche, pas à pas dans la boue de nos encombrements, jusqu'à nous dépouiller des voiles d'illusions qui masquent la belle et pure réalité de notre être. Et le chemin est d'autant plus long qu'on préfère souvent emprunter les sentiers sinueux qui ralentissent la droite trajectoire initialement proposée.

Quoi qu'il en soit, au fil du temps, j'ai reçu de mes maîtres la permission de transmettre certains Enseignements. Mais seulement ceux que j'ai pu mettre totalement en pratique. Je n'extrapole jamais ! Je laisse les autres transmissions aux grands maîtres qui viennent à Chökhor Ling nous faire bénéficier de leur sagesse.

Et, bien sûr, pour toujours en cette vie, je demeure une élève, qui continue sans cesse de travailler sur la parole du Bouddha, d'y réfléchir, et d'essayer de progresser grâce à des efforts et à des méditations de plus en plus vastes.

Le long travail de la méditation

C'est le grand support de la Voie. C'est par la méditation – entre autres – qu'on arrivera un jour à se libérer de la souffrance et à connaître le nirvana, jusqu'au plein Éveil.

Je continue donc à méditer, matin et soir pendant une heure en temps ordinaire, et beaucoup plus longtemps lorsque nous faisons de grandes retraites fermées, la Vénérable Gelek Chödzom, cofondatrice de Chökhor Ling, et moi : trois jours par mois et un mois entier une fois par an ou plus.

Pendant ces retraites, je l'ai dit, nous sommes totalement coupées du monde extérieur. Pas de musique, ni télévision, ni radio, ni journaux. Et portes closes ! Pour un mois de solitude, nous faisons nos provisions, et l'on nous dépose les denrées périssables chaque semaine à l'extérieur. Le courrier peut attendre. Nous n'échangeons que quelques phrases au cours de la journée, quand un problème domestique se pose, ou lorsque nous allons nourrir les animaux, car les animaux sont nombreux dans notre ermitage ! Deux chiens, deux chats, une grande volière qui tient lieu de poulailler, et une autre où s'ébattent des tourterelles, sans compter les biches, nombreuses dans la région. Des « êtres vivants » dont nous devons prendre soin.

Lever à 6 heures, pas de petit déjeuner avant d'être allées officier dans la petite *gompa*, notre petit temple. Chacune de nous a reçu de notre maître un livret de pratiques, qu'elle doit suivre scrupuleusement. Prières, offices, étude et méditation approfondies de tel ou tel Enseignement. En effet, comme les paraboles du Christ, certains récits du Bouddha ne sont pas évidents à comprendre et, de même que les prêtres de l'Église catholique expliquent aux fidèles le sens profond des paraboles, nos maîtres nous donnent les clés nécessaires à l'interprétation des Sutras du Bouddha. Ce qui nous permet d'en saisir la portée, et de mettre en pratique leurs directives dans nos vies. Nous effectuons aussi une session quotidienne de prières pour les malades et les décédés, les personnes en difficulté et tous ceux qui souffrent sur cette terre. En fait, toute pratique bouddhiste, si l'on veut qu'elle soit en adéquation avec les Enseignements, doit être dédiée à l'ensemble des êtres vivants : le bouddhisme n'est pas individualiste.

S'ajoutent enfin à ce programme quatre sessions de deux heures de méditation par jour.

« Huit heures de méditation ! s'écrie Huguette, éberluée. Mais sur quoi pouvez-vous méditer pendant un temps pareil ? »

Sur tout ce qui nous reste à faire pour arriver au sommet de la montagne ! Et croyez-moi, il y a du travail. Il faut chaque fois tout reprendre de zéro. La méditation sur le souffle, pour se remettre dans la concentration ; la méditation analytique, pour se libérer de ses émotions et tendances négatives, or on sait bien que cela prendra du temps, c'est donc quotidiennement qu'il faut s'y atteler. Après quoi, l'esprit pourra demeurer en paix, sans l'intervention d'une image ou d'un sujet.

*

Et il faudra, aussi, méditer sur les Enseignements. Rien ne sert en effet de simplement mémoriser les préceptes du Bouddha : cela ne suffit pas à les faire entrer dans la profondeur de notre être. Il faut d'abord, certes, bien les « écouter », puis y réfléchir avec son esprit, les analyser, mais le plus important est de les « intégrer » en nous. Et seule la méditation nous permet d'y parvenir.

« Cela veut dire quoi, les "intégrer" en soi ? » demande Huguette.

Imaginez par exemple que vous soyez tenté (e) de tricher sur votre note de frais en faisant passer un dîner avec un ami pour un rendez-vous gastronomique avec un client que vous voulez convaincre. Vous savez que c'est du vol. Les Enseignements, comme toute morale d'ailleurs, vous l'ont *appris*. Seulement voilà... Devant la tentation, vous vous trouvez des excuses. Après tout, la société pour laquelle vous travaillez est riche, et vous vous décarcassez suffisamment pour vous autoriser cet écart, d'autant que les dirigeants se révèlent plutôt pingres dans les augmentations ou gratifications de toutes sortes. Alors vous hésitez... et parfois succombez ! Tandis que si vous avez « intégré » en vous le principe universel d'honnêteté, l'idée de tricher ne vous viendra même pas à l'esprit. L'honnêteté fait désormais partie de votre nature : elle ne demande pas le moindre effort.

Donc quand j'ai bien écouté, bien compris, bien analysé le message du Bouddha, je le place dans la plage de calme de la méditation. Je cesse d'analyser, je mets tout cela dans mon espace méditatif, cela existe maintenant quelque part en moi, et je laisse infuser. Je transforme ma manière d'être en profondeur…

C'est ainsi que l'on parvient, avec le temps, à une sorte d'état naturel de veille de chaque instant, où agit, en surimpression de tout ce qui peut nous arriver, ce que la méditation nous a permis d'acquérir dans le domaine de la stabilité de l'esprit et de la lutte contre nos réactions néfastes.

La méditation permanente ou la maîtrise des émotions

N'allez pas croire qu'on se retrouve alors complètement dans la lune, détaché des problèmes de la vie pratique et en proie à une béatitude sans limites ! C'est beaucoup plus simple, et moins « ésotérique » : quand on est totalement familiarisé avec la méditation, imprégné de ce qu'elle nous enseigne, ses leçons demeurent présentes – et efficientes – à chaque moment du quotidien. Même lors d'un travail absorbant, dans l'adversité, au milieu d'une agitation débordante.

On s'attelle à une tâche difficile ? Au lieu de paniquer, on se « pose »… les bonnes questions. On établit un programme, on aiguise sa concentration… En cas de « coup dur », on applique aux difficultés rencontrées la technique méditative qui consiste à apaiser le mental. On n'est pas *profondément* perturbé par les événements extérieurs ou par l'environnement. On peut certes constater que telle parole blessante ou tel événement malheureux est fort désagréable, mais sans que l'émotionnel atteigne des pics pas possibles qui faussent notre jugement et affectent nos moyens d'action. La méditation permanente mène à la transformation de notre être et de nos agissements, pour notre meilleur équilibre et notre plus grand bien. Autant de souffrances inutiles en moins.

De la même façon, la méditation permet de changer peu à peu notre perception des choses. On ne parvient pas à comprendre, ni à accepter le concept de vacuité avec son intellect, encore moins avec l'émotionnel, mais grâce à une ouverture particulière de son champ de perception, quand on atteint le calme mental suprême. C'est ce à quoi tend *Laktong*, qui amène certains grands méditants aux portes de l'Éveil.

Laktong ou la vision pénétrante

Laktong, traduction tibétaine du mot hindou *Vipassana*, ce sont les bienfaits du mental totalement dompté.

« Je croyais que le calme mental », c'était *Shiné* ? s'étonne Huguette.

Shiné, c'est le premier stade. Celui qui consiste à poser son esprit, à le libérer de ses escapades buissonnières, préalable nécessaire à toute méditation analytique. Mais *Laktong* va plus loin. C'est une vraie méditation contemplative, sans questionnement confus. C'est la stabilité totale, un seuil de tranquillité et de paix, de claire lumière. C'est le début de la sagesse qui perçoit – sans mots, sans pensées, sans images – la nature transitoire de tous les êtres et de toutes choses, l'illusion de la réalité, l'absence d'un Moi durable. C'est la porte à franchir pour comprendre et intégrer la vacuité.

Lorsque les grands méditants arrivent à ce stade, ils ressentent un bien-être qui les enchante, qu'ils voudraient éternel, avant de constater qu'il faut encore aller plus loin. Car cet « enchantement » du « Moi » est inconsistant, ils le savent. La satisfaction de bien-être qu'ils éprouvent est encore une manifestation d'attachement aux sensations de ce monde dont il leur faut se dégager…

jusqu'à se retrouver dans un état sans Moi, sans impressions personnelles, à l'écoute d'un Tout en totale mutation, vide de toute réelle consistance et de toute permanence mais qui existe quand même, d'une certaine manière.

« Gloups ! lâche Huguette dans un éclat de rire. Voilà qui est clair ! Excusez-moi… »

Dans cette situation qu'on qualifie en effet de « claire lumière » – dont je comprends, ma chère Huguette, qu'elle puisse désorienter bien des gens –, les grands yogis voient même leurs besoins naturels disparaître, peuvent rester sans manger ni boire pendant des jours et des jours. Ils ont atteint un état au-delà de l'état méditatif, qu'on appelle *Samadi*, complètement transcendantal. Ils ont franchi les portes du nirvana qui s'ouvrent sur l'Éveil. Et cela, c'est prouvé, ça s'est vu, expérimenté, des scientifiques se penchent sur ces phénomènes. Avouez que c'est quand même troublant, non ?

Quoi qu'il en soit, en attendant de réussir ce genre de prouesse, il est recommandé aux débutants de s'exercer d'abord à *Shiné*, en posant leur esprit sur un support de concentration – le souffle, un petit objet ou une image – et de s'y tenir, d'abord cinq minutes puis dix, puis vingt, puis trente, etc., jusqu'à obtenir un état d'être parfaitement stable. Car si l'on n'est pas prêt à recevoir les révélations que peut apporter la vision pénétrante, on peut s'en trouver fortement déstabilisé ou ne rien voir du tout !

En plus, il convient de se méfier de l'exaltation. Dans la pratique de *Laktong*, on peut connaître des moments de grâce : cela ne signifie pas qu'on soit proche de l'Illumination ! Une « apprentie » bouddhiste m'a ainsi raconté une expérience qui l'a laissée pantoise, puis fortement déçue. En pleine crise de polyarthrite chronique évolutive, accablée de douleur, elle a lu dans un livre de Matthieu Ricard[1] que, dans ce cas, on pouvait offrir cette douleur à tous les êtres souffrants du monde, pour participer à leur soulagement. Sur le coup, ça l'a agacée. Sa douleur, elle voulait la voir disparaître, c'est tout ! L'offrir en cadeau supposait de l'accepter, et elle ne le pouvait pas... Puis elle s'est calmée et s'est dit : « Pourquoi pas ? Si cela peut vraiment faire du bien à d'autres personnes... » Et elle a commencé à méditer dans ce sens.

« Je n'ai rien compris, m'a-t-elle avoué. Je n'ai pas pensé aux lépreux, aux cancéreux en fin de vie, à la mère qui a perdu son enfant, à personne. Je n'ai rien visualisé, rien formulé mentalement,

1. Matthieu Ricard, *L'Art de la méditation*, Nil Éditions, Paris, 2008.

j'étais juste dans un état de bienveillance totale et… totalement dans la souffrance du monde ! Je n'avais pas conscience d'offrir ma propre souffrance et pourtant je le faisais. Cela dépasse l'entendement… Comme j'avais très mal, pour une fois j'avais médité au lit, et je me suis endormie… Le lendemain, je n'étais pas guérie, mes lancements dans les bras et les mains étaient les mêmes, cependant j'allais mieux, et je ne pleurais plus. Mais je restais médusée par ce moment rare où je m'étais complètement oubliée. »

J'allais la féliciter sincèrement pour cette chance, cette « réalisation » dont elle avait été la bénéficiaire, mais elle ne m'en laissa pas le temps.

« Depuis, j'ai essayé je ne sais combien de fois de revivre ce miracle, en vain. Et je n'arrive plus à méditer correctement. »

Eh oui ! Il faut de l'humilité, dans la recherche ! Cette dame devrait au contraire se réjouir d'avoir eu un modeste aperçu de ce que pouvait être l'aboutissement d'une méditation contemplative reposant sur la compassion, et se rappeler en même temps que méditer « correctement » consiste à continuer, inlassablement, à se libérer de ses émotions et de ses attentes, eussent-elles une connotation mystique.

La recherche de la bouddhéité, autrement dit la possibilité de réaliser l'état de bouddha qui est latent en chacun de nous, n'exige pas seulement l'étude des Textes et la méditation sous toutes ses formes : elle demande de cultiver des qualités permettant de dépasser notre état d'ignorance et d'égoïté, afin de nous délivrer de nos souffrances, tout en souhaitant en libérer un jour tous les êtres vivants.

C'est dans cet espoir de bonheur général et de paix que l'on pourra enfin emprunter le chemin des Bodhisattvas : les êtres d'Éveil.

4
Les Six Paramitas et les Quatre Incommensurables

Ce sont les vertus, les dispositions d'esprit et les ouvertures de cœur qui nous sortiront de notre Moi carcéral et le délivreront des traquenards de l'ego. Difficiles à atteindre mais indispensables à notre avancée spirituelle, elles doivent nous amener à l'abandon des idées fausses et à un altruisme total, inséparable du bonheur tel que l'entend le Bouddha.

Les Six Paramitas

Ce mot sanscrit exprime l'idée de « traverser ». Traverser la zone des souffrances du *samsara* en les *transcendant*, pour accéder à l'autre rive : celle de l'Éveil. C'est pourquoi les *Six Paramitas* s'appellent en français les *Six Perfections Transcendantes*.

La générosité

C'est le premier pas vers la « Grande Compassion » qui doit nous unir à tous les autres êtres vivants. On n'obtient pas cette ouverture de cœur en un jour. Mais nous pouvons nous y exercer en faisant d'abord du bien autour de nous, puis en aidant des personnes plus éloignées qui ont besoin de notre assistance. Cette générosité peut consister à offrir des dons matériels ou sa protection, mais aussi à faire découvrir alentour les bienfaits du Dharma.

À Chökhor Ling, par exemple, nous ne nous contentons pas d'œuvrer à notre seul épanouissement spirituel. Une grande partie de nos actions est destinée aux êtres en difficulté.

C'est ainsi que l'association Chökhor Ling organise parfois des événements – spectacles, conférences, séminaires – dans le but de réunir des fonds pour les enfants moines, les petits écoliers et les personnes âgées de Detsa, dans la région du Kham, au Tibet oriental, dont le monastère a la charge.

Les enfants, à Detsa, manquaient cruellement de nourriture, de soins médicaux, de conditions d'hébergement décentes, et aussi d'un encadrement et d'un soutien pédagogique leur permettant de construire leur avenir. Chökhor Ling a largement contribué à l'amélioration de leur sort, avec le concours et le parrainage de nombreux donateurs. Les enfants ont pu retrouver un équilibre alimentaire essentiel, rester au sein de leur culture traditionnelle et poursuivre des études dans de meilleures conditions. Cela s'est su dans la région, et ils sont maintenant quatre-vingts au lieu de quarante au départ ! De nouveaux moines sont arrivés pour parfaire leur éducation et le monastère de Detsa a été reconstruit. Il est devenu le centre de vie du village. On y prodigue des soins, on y distribue de la nourriture. On peut venir y étudier, on s'y réunit, et les rires ont balayé la tristesse...

À Chökhor Ling, je l'ai dit, nous transmettons également le Dharma, qu'il s'agisse des précieuses paroles des lamas qui viennent nous rendre visite ou de mes propres interventions. Nous prions chaque jour pour l'humanité en souffrance. Je donne aussi des cours de « yoga bouddhiste », inspiré des Enseignements, plus proche du qi gong que du yoga traditionnel car il travaille surtout le corps-énergie.

Et enfin, nous offrons aux visiteurs l'énergie bienfaisante qui émane de ce lieu béni, et particulièrement du stupa que nous avons achevé de construire en octobre 2011.

Le stupa bouddhiste est à l'origine un monument édifié pour la vénération des reliques du

Bouddha et de celles des grands saints. C'est un bâtiment sacré, considéré comme une source vivante de bénédictions pour celui qui le contemple. On en fait le tour en marchant dans le sens des aiguilles d'une montre et cette circumambulation procure à la fois force et sagesse.

Des moines venus des plus grands monastères de l'Inde et du Tibet ont construit le stupa de l'Éveil à Chökhor Ling. Sa Sainteté le Dalaï-Lama et d'autres grands maîtres nous ont fait parvenir de précieuses reliques : les robes du Bouddha de Bodhgaya et des fragments de robes des grands saints, un encens spécial qu'on ne trouve qu'au Tibet, des pilules sacrées de santé, d'immenses rouleaux de mantras fabriqués au monastère de Ganden, au nord-est de Lhassa, et l'ensemble des volumes du Kangyour, le canon tibétain des paroles du Bouddha. Tous ceux qui ont approché ce stupa ont reçu des bienfaits considérables, tout comme ceux dont les offrandes ont permis son édification. Je suppose, Huguette, que vous allez encore m'accuser de fétichisme ?

« Pas du tout, répond ma confidente. D'abord j'ai retenu ce que vous m'avez dit sur l'apparat nécessaire pour faire sortir l'être humain de la matérialité ; ensuite, j'ai entendu tellement d'athées me dire qu'ils aimaient se recueillir dans tel ou tel lieu saint parce qu'ils s'y sentaient bien, ajoutant que si l'architecture, souvent, contribuait à cette paix intérieure, il y avait quand même "autre chose"… J'aurais mauvaise grâce à ironiser sur le sujet. Mais, en dehors de Chökhor Ling, comment se pratique la générosité ? »

De toutes les façons possibles. Relisez ce que nous avons dit à propos du partage des ressources dans les dix actes vertueux… Tous les dons présentés là où cela est utile. Dons matériels, de temps, de gentillesse et de patience… Les courses que vous faites pour une vieille dame, l'effort que vous consentez pour rendre visite à un malade alors que les hôpitaux vous terrifient, l'idée de sacrifier un réveillon somptueux pour aller servir un repas de Noël à des nécessiteux… Mais aussi l'écoute accordée, l'empathie affichée, la consolation… C'est tout cela, la générosité. Or elle a un double avantage : plus elle vous coûte et plus vous vous y employez de bonne grâce, plus elle allège votre karma ; et plus vous la pratiquez, plus vous vous sentez proche des autres êtres vivants, même de cet idiot de poisson rouge qui vient de sauter hors de son bocal et que vous êtes si heureux d'avoir pu replonger dans l'eau tout de suite après sa prouesse manquée !

L'éthique

Dans l'esprit de la plupart des gens, l'éthique est un comportement qui relève de la morale, du sens du bien et du mal que nous transmet une certaine éducation. L'ennui, c'est que le bien et le mal sont des notions abstraites, et qu'on peut les accommoder à toutes les sauces. Au nom d'un bonheur général hypothétique mais dûment promis par les régimes totalitaires de toute sorte, on vous incite à dénoncer, emprisonner, voire tuer les « éléments réfractaires », qui d'emblée ne sont plus considérés comme des êtres humains… Au nom d'un Dieu dont on détourne les intentions, on persécute ceux qui ne croient pas « correctement », et l'on se livre à des « épurations » abominables. Où est le message d'amour du Christ dans l'Inquisition ? C'était pourtant le « mal » que l'Église prétendait chasser en assassinant les cathares, les hommes de science, les premières femmes médecins, ou les simples infirmières-guérisseuses qu'on brûlait en tant que sorcières… Aujourd'hui, au nom de la liberté d'expression – un « bien » prétendument « sacré » –, on laisse proliférer des sites pornographiques sur Internet, sans se soucier des dégâts qu'ils peuvent faire chez les adolescents…

L'éthique, dans le bouddhisme, échappe à ces pièges grossiers grâce à une définition toute simple : une intention ou un acte sont mauvais s'ils causent de la souffrance à autrui ou s'ils nous font du mal à nous-mêmes.

Or, si la définition est aisée à comprendre, en tenir compte exige une vraie discipline mentale et une attention sans faille. Dans l'ensemble, on peut dire que l'éthique bouddhiste consiste à observer les Enseignements de manière scrupuleuse. Cela demande bien des efforts, et quelques renoncements. Franchir l'obstacle de la convoitise, de la colère, du désir de vengeance, etc. Respecter l'autre comme soi-même…

Et pour ce qui est de soi, ne pas tricher en interprétant les Sutras du Bouddha à sa manière ! « Un acte est bon quand il nous fait du bien »… Oui, mais à l'aune du karma, pas à la mesure de notre satisfaction ! Amasser des fortunes en lésant les autres peut faire plaisir à notre ego et à notre besoin de saisie-attachement, mais il est évident que, du point de vue bouddhiste, c'est un acte négatif.

Quant à donner à son tour des conseils d'éthique, ne pas oublier que, dans ce domaine, l'incitation la plus crédible est celle de l'exemple. On ne peut se poser en conseiller que si l'on pratique soi-même ce que l'on recommande.

La patience

Il ne s'agit pas ici de la qualité de celui qui sait attendre. Le mot « patience », dans les Enseignements, est à prendre dans son sens premier : « vertu qui consiste à supporter les désagréments, les malheurs[1] ». Sans se laisser aller à la colère ni à la révolte, qui n'aident en rien à lever les obstacles, au contraire.

Il faut apprendre à garder son sang-froid, seul moyen de discuter avec là personne qui vous veut ou vous fait du mal. « La pratique de la patience est extrêmement importante puisqu'elle est la principale *protection* dans l'entraînement à *l'égalité* et à *l'échange avec les autres*[2] », écrit le Dalaï-Lama.

Il faut aussi accepter d'avoir des ennemis, qui peuvent parfois nous permettre de changer notre comportement, car il arrive qu'on soit responsable des inimitiés qu'on suscite… Et si ces ennemis se révèlent « gratuitement » malfaisants, par jalousie, orgueil ou fanatisme, il faut apprendre à se défendre de leurs méfaits sans pour autant les haïr. Sur la route de la Grande Compassion,

---

1. *Le Petit Robert.*
2. Sa Sainteté le Dalaï-Lama, *Le Sens de la vie. D'où venons-nous ? Comment vivre notre vie ? Les réponses du bouddhisme*, J'ai lu, Paris, 2008.

nos ennemis peuvent nous être bénéfiques ! Mais il faut également se souvenir que nous sommes notre premier et plus virulent ennemi. Et face à cet ennemi intime, la patience et la vigilance sont nos meilleures alliées.

Quant aux souffrances qui nous sont imposées par la vie même et le karma, Shantideva, dans sa *Marche vers l'Éveil*[1], nous incite à les traiter de manière très logique. Avant qu'elles n'adviennent, faire tout pour les éviter – hygiène, soins divers, diététique, assistance de l'autre, etc. Et quand elles sont là, sérier les problèmes : si l'on peut améliorer la situation, agir dans ce sens ; si l'on n'y peut plus rien, accepter sans ajouter à ses douleurs les affres du désespoir (que l'on traduirait aujourd'hui par dépression nerveuse !). Ces souffrances peuvent apurer notre karma, mais aussi nous amener à mieux comprendre les épreuves et malheurs du monde, et nous faire ainsi évoluer vers la Grande Compassion.

Et pour ce qui est de la patience qui consiste à savoir attendre, bien sûr qu'il va falloir quand même admettre qu'on n'atteint pas l'Éveil en

1. Shantideva, *Bodhicaryavatara. La Marche vers l'Éveil*, Padmakara, Saint-Léon-sur-Vézère, 2008. Célèbre poème composé au VIIIe siècle, guide essentiel de ceux qui entrent dans la voie du bouddhisme.

deux temps trois mouvements ! Mais ce n'est pas une raison pour s'endormir en route.

La diligence et l'effort enthousiaste

Ce n'est pas parce que la réalisation de la Quatrième Noble Vérité peut prendre de nombreuses vies qu'il faut céder à la torpeur et à la paresse. « L'effort joyeusement consenti » est une véritable « armure », nous dit le Dalaï-Lama, contre le relâchement : on sait qu'on est sur la bonne voie, cela doit suffire à notre motivation.

Cet effort suppose de renoncer aux activités futiles, aux ambitions démesurées, à la célébrité et à la gloire. L'un des plus grands maîtres du Dzogchen[1], Kunkhyien Longchen Ramjampa, justifiait ainsi ce renoncement, au XIVe siècle, dans un de ses nombreux textes philosophiques en forme de poème : « Administrant de vastes territoires, possédant richesses, prospérité, intendants, etc., notre renommée peut bien s'étendre à la Terre entière. Mais au temps de la mort, ces choses n'ont pas la moindre utilité[2]. »

1. Ensemble d'enseignements et de techniques d'Éveil spirituel du bouddhisme tibétain.

2. Extrait des « Trente conseils donnés du cœur par Gyalwa Longchenpa », d'après une publication d'Ogyan Kunsang Choekhorling, Darjeeling, India, 1979.

« Être diligent dans sa pratique spirituelle est mon conseil du cœur[1]. »

L'enthousiasme et la diligence dans la pratique du Dharma nous aident aussi à surmonter nos doutes et nos découragements. Or même si l'on est déjà très avancé dans la Voie, même si l'on s'est engagé dans la vie monastique, ceux-ci pointent de temps en temps le bout de leur nez !

Il faut alors prendre refuge, consulter ses maîtres, se recentrer sur son engagement, et se concentrer à nouveau sur son objectif.

La concentration

L'objectif, sur la route des *Bodhisattvas*, est de se défaire non seulement de ses mauvaises tendances, mais aussi de ses illusions sur la réalité des choses et en particulier sur l'existence d'un Moi. Ce n'est tout de même pas rien ! On peut imaginer que l'approche de cette « claire lumière » demande une vigilance permanente : quelles que soient nos activités, elles devront être assumées avec « l'esprit d'Éveil », pour toile de fond. Et pour ce qui est de la méditation, il va falloir arriver à une concentration stable.

1. *Ibid.*

Cette concentration commence évidemment par *Shiné*, où on laisse passer ses pensées parasites sans les suivre, et ramène constamment son attention sur un objet déterminé. Mais si nous voulons vraiment nous persuader, au fil du temps, de la non-égoïté de notre être, nous devons parvenir à une concentration supérieure où toutes ces pensées vagabondes ne viendront même plus nous déranger dans notre recherche de la Vérité. Seul le fait de rester complètement ouvert à cette révélation nous fera ressentir un jour, profondément, notre véritable état – impermanent, sans consistance à part l'énergie pérenne de notre nature pure –, ainsi que le caractère éphémère, destructible et uniquement *apparent* de ce qui nous entoure. Voilà qui justifie quelques rebellions, n'est-ce pas, ma chère Huguette ?

C'est normal, et c'est bien pour cela que les pensées parasites ne nous lâchent pas facilement. Car à quoi correspondent-elles, au fond ? À l'acharnement de notre esprit, de notre ego, à nous garder sous sa férule, à nous faire revenir dans le matériel, le « logique »... Pour le débutant, ce sera : « Qu'est-ce que je vais faire pour dîner ? Ma société va-t-elle être vendue ? » Pour le méditant plus aguerri et sincèrement désireux de connaître l'Éveil, cela risque d'être plus agressif. L'esprit va distiller le doute : « Tu ne vas pas renier tout ce qui a fait ton plaisir jusqu'ici ? Et tes parents, tu n'as plus envie de les retrouver dans l'au-delà ? Que dis-tu ? Tu n'y crois plus ? Ah, forcément ! D'après le bouddhisme, tu aurais déjà eu des milliers de pères et mères. S'ils devaient tous venir t'attendre à la sortie du fameux tunnel, cela ferait vraiment trop de monde ! »

« Jamais je n'aurais osé vous dire ça ! » s'exclame Huguette.

Je le dis parce que j'ai entendu ce genre d'arguments. Mais à quoi correspond cette ironie subversive ? À notre fameuse « soif du samsara » qui nous fait accepter de souffrir plutôt que de renoncer à un Moi persistant ! Libre à toute personne de conserver cette attitude, mais pour l'aspirant à l'Illumination, il est impératif de s'en débarrasser. Et l'on n'y réussira qu'après avoir atteint une concentration supérieure et puissante, qui stabilisera les pulsions de notre esprit et les somatisations de notre corps, améliorera notre travail, et qui, surtout, nous permettra de transcender la pensée « conceptuelle ». Alors nous serons délivrés de l'ignorance et s'ouvriront pour nous les portes de la sagesse.

La sagesse : admettre la vacuité

La Lune se lève
Son reflet apparaît
Sur la surface du lac.
Mais la Lune n'est pas dans le lac,
N'est-ce pas ?
Sachez qu'il en est ainsi
De tous les phénomènes[1].

Dans notre envol vers l'Éveil, les Enseignements comparent chacun de nous à un oiseau. Pour voler, il faut à celui-ci deux ailes. L'une d'elles, dont nous parlerons plus loin, est l'incommensurable *compassion*, mais pour nous y consacrer pleinement, nous devrons d'abord être convaincus, imprégnés de la suprême *Paramita* : le sens de la vacuité ou la sagesse, la première des ailes de l'oiseau. Et cela demande une longue maturation, car il y a une grande différence entre le fait de penser, de temps à autre, « après tout, ce postulat n'est pas idiot », et celui de le porter en nous comme une vérité incontournable, qui va

1. Poème tibétain de Shabkar Tsogdrouk Rangdrol, dans Shabkar, *Autobiographie d'un yogi tibétain*, traduction du tibétain de Matthieu Ricard et Carisse Busquet, Albin Michel, Paris, tome 2, 1999.

modifier notre raisonnement, notre comportement, la gestion de notre vie.

Pour commencer, cessons de nous arrêter au sens habituel que nous donnons à ce mot « vacuité », qui nous plonge d'emblée dans un vide abyssal. La vacuité n'est pas le vide, nous l'avons déjà dit. Au sens bouddhiste, elle ne signifie pas qu'il n'y a rien, ni en nous ni autour de nous : elle veut dire qu'il n'y a rien de ce que nous *percevons* ou *imaginons*. Ce qui est vide – de sens –, c'est notre interprétation de la réalité des choses.

« Mais enfin, protesterez-vous, l'arc-en-ciel que j'admire, là, au milieu des nuages, est bien réel, je le vois ! »

Réel ? Alors pourquoi se dissout-il dès que le soleil a chassé la pluie ? Et cette voiture qui, décortiquée, ne sera plus qu'un tas de ferraille, où est sa nature intrinsèque ? Ce monument disparu, qui avait pourtant une histoire… Ce continent perdu… Et les géants de l'île de Pâques, de quelle puissance dérisoire et vaincue furent-ils les emblèmes ? Ces constatations n'impliquent pas que ces choses ou phénomènes n'ont jamais existé, elles prouvent seulement qu'ils n'avaient pas *d'ultime réalité*.

Et nous, qui sommes-nous ? Notre Moi impérial, quel est-il ? Un bras, une jambe, un cœur, un cerveau ? Le grand yogi Milarepa, qui enseignait à la fin du XIe siècle[1], avait coutume de demander à ses étudiants non pas : « Qui êtes-vous ? », mais : « Où êtes-vous ? »

Où êtes-vous ? Dans la splendeur de votre beauté ou le handicap d'un aspect ingrat ? Ni l'un ni l'autre ne dureront. Dans votre esprit : où est votre esprit ? Dans votre caractère : où loge le caractère ? Dans vos réalisations ? Bon sang ! Tout au long de notre vie nous voyons disparaître des proches que nous imaginions inconsciemment immortels, des modes et des idées dont les jeunes générations nous expliquent avec condescendance que « c'est fini, tout ça », des amis qui n'en sont plus, des systèmes de pensée que nous avons nous-mêmes abandonnés parce que nous n'y croyions plus, des richesses enfuies ou dont notre vieillesse ne pourra pas profiter, et nous oserions croire que nous existons dans notre apparence, notre mental et nos succès ? La vacuité, c'est d'abord l'inconsistance de nos vues erronées.

Pourtant nous existons, mais d'une autre façon. « Le Chemin du milieu », dit le Dalaï-Lama, consiste à questionner sans cesse l'existence des choses derrière leur apparence (c'est

1. 1040-1123.

là le premier « travail » méditatif de *Laktong*). Tout ce qui nous entoure existe dans une relation de cause à effet et dans un mouvement de vie renouvelable. Les séismes, la dérive des continents, l'irruption des chaînes de montagnes, l'envahissement ou le retrait des mers, tout cela a existé, puis disparu, puis se reproduit, et continue de perpétuer l'univers. Nous-mêmes faisons partie de cet univers et du long voyage des êtres humains, qui ne sont pas arrivés par hasard et contribuent, eux aussi, à la marche du monde. Mais en tant que passagers lilliputiens, en tant que maillons de la chaîne, pas en tant que Davina ni Huguette ni quelque autre personne. Notre Moi n'a aucune « réalité ultime ». Ce qui demeure, c'est cette nature pure, et ce continuum d'énergie qui renaîtra sous une forme ou une autre, selon l'étendue de nos méfaits et de nos mérites, jusqu'à ce que nous ayons atteint l'état suprême de l'Éveil.

« Vous allez les désespérer », se lamente Huguette, toujours soucieuse de nos lecteurs.

Ou les apaiser totalement, allez savoir ! Ce qui serait désespérant, c'est de prétendre que le monde est absurde et qu'il y pousse, sans raison, des gentils et des méchants, des chances pour les uns et des iniquités pour les autres. Le monde bouddhiste, lui, est « causal ». Et sa cause relève du karma, général ou particulier. Le karma du cosmos et celui des êtres vivants, ce qui est bon et mauvais en eux, le bon pouvant triompher à la fin de leurs vies innombrables. Il y a de l'espoir, dans ce message, et surtout une infinie sagesse. Qu'est-ce qui nous fait le plus souffrir, dans notre condition ? C'est l'idée que notre Moi puisse ne pas se perpétuer. Si nous acceptons humblement de faire partie d'un Tout, d'exister dans ce Tout mais de manière intrinsèque, anonyme, nous serons beaucoup plus sereins, et plus aptes à profiter de notre passage sur terre. Faire partie d'un ensemble est toujours rassurant. En tant qu'êtres humains, nous faisons partie des « autres », nous bénéficions de leur force, dans la mesure où nous avons conscience de notre égalité, et où nous comprenons que le bonheur individuel ne peut pas suffire : on ne peut pas être heureux au milieu du malheur. C'est pourquoi les ultimes vertus bouddhistes relèvent de l'amour et de l'altérité.

Les Quatre Incommensurables

Ce sont l'amour, la compassion, la joie et l'équanimité, au sens cette fois-ci d'égalité d'humeur, de sérénité totale.

« On les a déjà évoqués », remarque Huguette.

Oui, mais pas dans la dimension de l'Éveil. C'est-à-dire au-delà de notre petit domaine personnel, au-delà de toutes les frontières ! C'est en ce sens qu'on les qualifie *d'Incommensurables.* L'amour et la compassion pour tous les êtres vivants ; la joie naturelle, immanente, éprouvée quand, une fois revenu de son ignorance sur la nature des choses, on souhaite participer au bien-être général ; enfin l'attitude qui résulte de cette égalité entre tout ce qui vit, de cette générosité autant que de cette sagesse : la sérénité. Ce ne sont plus là seulement des sentiments, des ressentis ou des attitudes : ce sont des « états d'être ». Voilà d'ailleurs pourquoi les *Quatre Incommensurables* s'appellent aussi les *Quatre États Sublimes.*

L'amour en tant que bonté universelle

Cet amour-là ne se limite pas à ceux que nous appelons « les nôtres », avec cette fichue propension que nous avons à les accaparer. On s'approprie ainsi « son » conjoint, « son » enfant, « ses » amis. Nous avons vu que ces adjectifs possessifs n'avaient aucun sens : personne ne nous appartient. Nous avons peut-être également compris que nous devions aimer nos proches de manière inconditionnelle : en souhaitant *leur* bonheur, même s'il ne correspond pas à celui dont nous rêvions pour eux. Mais pour les apprentis de l'Éveil, il va falloir ouvrir beaucoup plus largement ce cœur étriqué : distribuer de l'amour à tout ce qui est vivant et qui en a autant besoin qu'eux. Au cours de la pratique, nous irons donc un peu plus loin, vers ceux qui ont la même culture que nous, les mêmes idées, les mêmes objectifs. Bref, ceux qui nous ressemblent, nos « égaux ». Sauf que selon les Enseignements, tous les êtres vivants sont nos égaux !

« Même les vers de terre ? » ironise Huguette.

Mais, chère « étoile », vous qui parlez aux arbres, aux chiens et aux oiseaux, vous qui apostrophez les ruminants dans les prés à grands cris de « Salut les vaches, c'est cousine Huguette ! », pourquoi voudriez-vous qu'un ver de terre accepte sans en pâtir qu'on l'écrase ou le coupe en morceaux ?

Tous les êtres vivants ont envie d'échapper à la souffrance et besoin d'accéder au bonheur. Même nos ennemis ! Nous pouvons avoir à nous en défendre, mais nous devons manifester à leur égard de la bonté au plus profond de nous-mêmes. D'ailleurs, qui sont nos ennemis ? Parfois des amis d'hier, et vice versa. On le vérifie souvent au cours d'une vie, dans le cadre familial, relationnel, professionnel, politique… Alors, au regard de nos innombrables existences, qui peut dire que tel ennemi actuel ne fut pas notre allié autrefois ? C'est pourquoi il faut transcender les médiocrités du *samsara* et accueillir sans haine ceux qui nous manifestent de l'hostilité, même si nous n'allons pas pour autant les laisser nous nuire. Certains parviennent ainsi à s'adresser « en direct », sans parole, à la « bonne nature » de leurs adversaires, et cela peut provoquer des miracles.

Évidemment, on ne parvient pas à cet amour, à cette bonté universelle en un jour. Et à ceux qui commencent la route, le Bouddha fait sagement remarquer que pour aimer l'univers, il faut commencer par s'aimer soi-même. Cessons donc de n'être jamais satisfaits de nous. Offrons-nous un peu d'indulgence : être « gentil » avec soi contribue à ouvrir son cœur. Parce que si, d'emblée, on s'estime mauvais, on n'a aucune chance d'apporter du bon alentour. Or, selon les Enseignements, aimer ne suffit pas, encore faut-il faire du bien à autrui voire, pour les êtres éveillés, au monde entier.

La bodhicitta ou la Grande Compassion

C'est la deuxième aile de l'oiseau. L'aile de la pensée d'Éveil, qui bat pour le bonheur des autres. De tous les autres. La compassion profonde, universelle, est indispensable au bonheur total de chacun.

Imaginez que nous soyons libérés de notre mauvais karma et seulement dotés de la première aile, la sagesse provenant de la compréhension de la vacuité : où pourrions-nous nous envoler ? Pourrions-nous atteindre le bonheur, seul à ne plus souffrir au milieu de milliards d'êtres dévorés de douleur ? Ni dans notre petite vie actuelle, ni dans la vastitude mouvante de l'univers bouddhiste, on ne saurait être heureux dans une solitude égoïste. D'où la nécessité de cultiver la *motivation altruiste* pour arriver au développement spirituel ultime : la bouddhéité.

Vouloir atteindre la bouddhéité, c'est désirer ardemment accéder à ce stade final qui nous permettra de nous consacrer au bien-être de tous. « Si vous ne parvenez pas à être véritablement ému par *la plus profonde des compassions*, vous ne pourrez pas prendre cette immense résolution : vous charger de la responsabilité de libérer les êtres de leur souffrance », insiste le Dalaï-Lama.

« C'est là une attitude de bouddha, remarque Huguette, nous sommes dans les hautes sphères… »

Sans doute. Mais cela n'implique pas de rester les bras croisés en attendant l'Éveil et sa suite généreuse. Dès le début du chemin, il est indispensable de s'exercer à la motivation altruiste et d'apporter des bienfaits à autrui.

Et pour cela, il convient de sortir de soi. Admettre que les autres souffrent autant que nous, ou plus, et de diverses manières.

« Ça, on le sait », s'impatiente Huguette.

Peut-être, mais qui s'intéresse vraiment à la souffrance des autres ? Combien de personnes à qui vous avez essayé de confier tel problème, telle maladie, telle détresse vous ont-elles répondu aussitôt « C'est comme moi… » avant de dérouler la litanie de leurs propres ennuis ? Où est la compassion dans ce concours ridicule ?

« Admettre la souffrance des autres, conseille le Dalaï-Lama, et apprendre à la ressentir profondément. »

C'est encore ajouter à nos déboires, diront certains.

Oui, si vous demeurez dans l'ego. Dans ce cas, vous allez fuir toutes les contrariétés venant de l'extérieur : ce mendiant sous votre porte cochère, ce passant qui semble avoir un malaise, les maisons de retraite, les hôpitaux, les confidences des éplorés et même cette personne qui cherche à vous nuire. Mais si vous êtes dans l'esprit d'Éveil, vous essaierez de comprendre, vous compatirez, et vous tenterez de faire quelque chose.

« On ne peut pas prendre en charge toute la misère du monde ! » se défend Huguette.

C'est pourtant dans ce but que les *Bodhisattvas* cherchent l'Illumination. La libération de toutes les erreurs humaines, la claire lumière de l'Éveil ne peuvent leur apporter le bonheur absolu que s'ils les consacrent à faire celui des autres.

« Et avant d'atteindre cette magnanimité suprême, comment nous comporter ? »

Cesser de nous focaliser sur nos propres malheurs et ouvrir notre cœur au partage. Manifester de l'empathie et des sentiments chaleureux à quelqu'un qui souffre soulage cette personne, la rend heureuse, et procure de la joie en retour.

La vraie joie : celle qui provient de l'altruisme

Ce n'est pas une joie comme les autres. Ce n'est pas la joie qu'on éprouve en retrouvant un être cher, en réussissant un examen, en recevant des cadeaux : cette joie-là relève d'une satisfaction personnelle. La joie qui provient de l'altruisme, elle, n'est pas émotionnelle. C'est le cœur qui parle, c'est une joie *limpide*, où l'on retrouve la pureté, la bonté de cette nature originelle qui demeure en chacun de nous. L'altruisme est certainement ce qui nous rapproche le plus de notre « vraie nature ».

La joie altruiste, c'est d'abord se réjouir du bonheur des autres, sans l'ombre d'un soupçon de jalousie, voire de simple envie. Mais la plus grande exultation, c'est d'avoir participé à ce bonheur, sans se soucier de faire le bien ni de se faire bien voir, juste parce que tel geste, tel soutien, telle action venait du plus profond de nous. C'est ce jeune étudiant, voyageant en Inde, qui a donné la moitié de son viatique à une vieille femme misérable et digne et m'a dit, au retour de son périple écourté par ce présent de seigneur : « Je n'ai pas pu faire autrement... » C'est ce sentiment de fraternité rassurante qu'on éprouve au fur et à mesure qu'on s'approche des autres, même s'ils ne nous ressemblent pas, même s'ils ne pensent pas comme nous. C'est l'apaisement que nous apporte le pardon lorsque nous l'avons accordé. C'est, tout à coup, cet élan instinctif qui nous porte vers un ancien rival en détresse avec lequel nous nous sommes durement accrochés pendant des années et dont nous découvrons soudain qu'en réalité nous l'aimons.

À l'aune de cette joie inhérente au chemin spirituel du bouddhisme, on peut imaginer que dans l'ultime réalisation, c'est-à-dire dans son entière consécration à tous les autres êtres vivants, le bonheur vous attend.

L'équanimité : de l'égalité de condition à l'égalité d'humeur

Quand on a pris conscience que nous sommes tous ensemble sur cette planète, tous égaux et également nécessaires à la vie, quand on a ce sentiment profond d'« équanimité » bouddhiste, on ne peut plus accorder la même importance « primordiale » aux aléas de sa propre existence. On va minimiser ses tracas personnels, juguler ses colères et ses besoins de revanche : se venger de l'autre, c'est se venger de soi. En vouloir à l'autre, c'est s'en vouloir. Ne rien comprendre à l'autre, c'est n'avoir rien compris à la nécessaire diversité du monde. La pratique de l'amour et de la compassion nous aide, de la même manière, à maîtriser nos émotions, parce que nous savons que nous ne sommes pas le centre de l'univers. Il en résulte une hauteur de vues qui amène à la sérénité, à cette égalité d'humeur, elle aussi appelée équanimité.

Ce détachement lucide qui n'exclut pas l'action juste, au contraire, cette paix de l'esprit, cette maîtrise sont l'apanage des grands sages, des êtres éclairés : ceux qui arrivent au bout du chemin.

Mais il y a encore quelques étapes à franchir.

5

Les cinq chemins vers le sommet dans la voie du Mahayana

Pour accéder à l'Éveil, il existe plusieurs voies, différentes soit dans leur but ultime, soit dans les moyens employés pour y parvenir : celle du Hinayana – ou Petit Véhicule –, celle du Mahayana dite du Grand Véhicule, et la voie du Vajrayana, celle qui expose les tantras.

Le regard effaré d'Huguette m'incite à vous rassurer tout de suite : loin de moi l'idée de faire l'exégèse de ces voies, une explication succincte peut ici largement suffire.

Le Petit Véhicule vise uniquement l'Éveil personnel, la libération de ses propres souffrances et la découverte de l'ultime réalité qu'on appelle nirvana. Après quoi l'esprit demeure dans la paix profonde de cette Illumination. Le désir de retrouver une identité personnelle a pris fin en même temps que les turbulences du mental. La soif du *samsara* est étanchée et le karma apuré. L'esprit, à ce niveau, n'éprouve pas le besoin d'un devenir permettant de se rapprocher des êtres souffrants restés dans l'ignorance.

La voie du Mahayana – celle que j'ai choisie – ne se limite pas, pour les *Bodhisattvas*, à la découverte de l'ultime vérité mais a pour but *le plein Éveil* : celui qui consiste à mettre sa propre réalisation au service de tous les vivants, comme l'a fait le Bouddha Shakyamuni. Dès le début en effet, c'est la souffrance de ces êtres qui a ému le prince Siddharta, et après son Illumination sous l'arbre de la Bodhi, il a passé les quarante-cinq dernières années de sa vie au service des autres, leur enseignant les moyens d'échapper à leurs tourments et leur venant en aide de toutes les façons possibles. Cette disposition altruiste est celle de l'esprit d'Éveil menant à la bouddhéité, à laquelle chacun de nous – comme l'a affirmé le Bouddha – peut parvenir un jour.

Quant à la voie du Vajrayana, elle est de loin la plus secrète et la plus difficile d'accès. Imaginez une trajectoire « rapide comme la foudre, fulgurante comme l'éclair », qui propose une diversité de moyens propres à dépasser les limites étriquées du fonctionnement habituel de l'esprit. Il s'agit d'une alchimie mentale si puissante qu'elle dévoile l'énergie cosmique présente en chacun de nous. S'appuyant sur les Enseignements secrets du Bouddha, les pratiquants engagés dans cette voie peuvent atteindre l'Éveil en une vie. De quoi séduire beaucoup de monde à notre époque de vitesse et de goût pour les réalisations paraissant faciles parce que mystérieuses, mais attention ! Cette voie demande un grand équilibre, et peut se révéler dangereuse pour les personnes fragiles. Avant d'entrer dans ce chemin de pratique, il faut avoir établi des bases solides résultant d'une bonne connaissance des Quatre Nobles Vérités et des Sutras en général, et de leur mise en application. On n'aborde pas les tantras sans être investi de l'esprit d'Éveil et, surtout, dans ce domaine, la recherche ne peut se faire sans la guidance d'un maître authentique ayant accepté la charge de nous conduire à chaque pas.

« Tout cela est très clair, constate Huguette, rassurée. Un seul point reste pour moi un peu flou. Qu'en est-il du fameux nirvana, synonyme d'extrême félicité dans l'esprit des ignorants comme moi, et dont vous venez de dire qu'il est la découverte de l'ultime réalité. Quelle différence avec l'Éveil ? »

Littéralement, le mot « nirvana » signifie « extinction », disparition de la souffrance, libération. Il en résulte un bonheur immense, certes, mais pas nécessairement le bonheur total. Car – et là aussi je simplifie beaucoup – dans le nirvana dit « avec résidu » peuvent subsister un certain nombre d'agrégats, de « résidus » de nos tendances néfastes qui risquent d'engendrer encore de mauvaises réactions ou interprétations. Puis vient le nirvana « sans résidu », celui des êtres complètement purifiés et ayant atteint une haute altitude spirituelle, mais pas encore l'Éveil complet. Et ce n'est qu'avec le plein Éveil qu'on accède à un nirvana « sans demeure », dans l'ultime réalité de l'Être. Mais le problème pour nous, c'est que ni les mots, ni les concepts les plus élaborés ne peuvent définir justement ce qu'est le nirvana. On n'entre pas en nirvana comme dans une pièce de sa maison ou dans le jardin d'Éden. Il ne s'agit pas non plus de la perception d'un bonheur éternel. Rien, dans le registre de nos connaissances limitées à la dualité des apparences, n'a la capacité de traduire concrètement l'expérience du nirvana « final ». Elle est la nature ultime, la Vérité absolue, le plein Éveil. C'est assez compliqué, je vous l'accorde, mais peu importe dans le cadre de ce livre, l'essentiel étant de savoir que l'ultime démarche, dans la voie du Mahayana, est de sauver les êtres en souffrance et de les éclairer. Renonçant par là même à demeurer dans l'insondable paix de l'Éveil, les *Bodhisattvas* s'emploient à donner aux êtres les moyens de l'aborder.

Cinq chemins mènent à ce bonheur suprême. C'est le dernier voyage, il concerne ceux qui sont fortement engagés dans la Voie. Sans doute bien des lecteurs seront-ils un peu perplexes devant ce qui leur apparaîtra – à raison – comme une entreprise au-dessus de leurs moyens (pour l'instant !) voire éloignée de leurs préoccupations immédiates : moins souffrir et après on avisera. Mais je ne peux passer sous silence cette dernière étape dans un livre consacré au « Bonheur selon Bouddha ».

Car enfin, ce bonheur-là, c'est quand même la finalité des Enseignements. Et, on l'a déjà dit, le périple qu'il suppose n'est pas une excursion de tout repos. Même le plus difficile des trekkings au Népal fait figure de promenade à côté des efforts soutenus qu'il exige. Aussi convient-il de le suivre sans brûler les étapes.

Le chemin de l'accumulation

La motivation altruiste finale, dans la Voie du Mahayana, doit être présente chez le pèlerin dès le commencement de sa quête. Or pour venir en aide aux autres, il convient d'abord de se transformer soi-même, d'abandonner l'ego, d'oublier les satisfactions personnelles et de semer des graines de bonheur alentour. De ces dispositions généreuses naîtra la compassion authentique. C'est ce qu'on appelle « rassembler les mérites ».

Parallèlement, le pèlerin de l'Éveil s'exerce à la méditation pour se délivrer des pressions émotionnelles, jusqu'à la vision pénétrante – *Laktong* – qui va ouvrir son champ de vision et lever les obstacles qui freinent son accession à la sagesse.

Le chemin de la préparation

Ce chemin propose l'obtention de la vue juste qui accompagne la sagesse : l'acceptation de la vacuité, de la vanité du Moi et de l'illusion des apparences. Il s'agit bien d'un renoncement à ce que l'on tenait autrefois pour des valeurs sûres, essentielles. L'émotionnel s'éteint à tout ce qui, en provenance du monde extérieur, le faisait intensément vibrer. À ce niveau, plaisir et bonheur sont intérieurs. Cela ne veut pas dire que l'on soit devenu un robot insensible, cela signifie que l'on n'est plus victime des mirages qui nous attiraient auparavant : la saisie, la possession, le pouvoir, la jeunesse éternelle, tout ce après quoi l'on courait en vain jadis. Ces mirages étant dissipés, les tendances négatives qui finalement leur correspondent commencent à reculer, libérant le bagage karmique producteur de souffrances présentes et à venir. Cinq énergies se développent alors chez le pèlerin, porteuses de forces indestructibles et définitivement acquises, quelles que soient ses éventuelles réincarnations ultérieures : la confiance sans faille, l'effort sans lassitude, la mémoire sans ombres, la concentration sans faiblesses et la sagesse sans taches. L'aspirant est maintenant prêt à aborder la vacuité.

Le chemin de la vision

L'entrée de ce chemin correspond à l'atteinte de la première terre des *Bodhisattvas* nommée « Terre de la joie ». Cette étape ne concerne plus les êtres ordinaires, aussi avancés soient-il, mais les *Aryas Bodhisattvas*, les nobles « *Aryas* », dont l'esprit purifié des passions grossières cherche à faire *l'expérience* de la vacuité et du karma négatif. C'est à ce niveau-là qu'il devient possible de procurer de l'aide et une réelle protection aux autres. Suivre ce chemin éliminera les conceptions intellectuelles erronées que l'on traînait encore lors de l'apprentissage.

Le chemin de la familiarisation ou de la méditation

Le parcours du *Bodhisattva* se poursuit dès lors entre la deuxième terre, la « Terre immaculée », et la dixième, la « Terre du nuage du Dharma », avec la mise en application de l'Octuple Sentier, dans son sens le plus pur et le plus total. À chaque progression, les qualités augmentent, balayant conjointement les derniers obstacles qui barrent la route de l'Éveil. Suivre ce chemin éliminera définitivement les vues fausses issues des empreintes négatives inscrites sur le continuum mental depuis des temps et des temps : *l'Arya* est prêt pour l'Illumination.

Le chemin de la libération

Nous sommes maintenant au-delà de l'apprentissage, au-delà des souffrances, libérés du Moi limité qui dressait des barrières opaques devant l'omniscience : nous sommes dans l'Éveil, dans *l'expérience* de la vacuité, dans la plénitude d'un bonheur ineffable.

« Ne voyez aucun irrespect dans ma question, hasarde Huguette, mais… Après ce long travail entrepris grâce à vous, et qui ne fut pas sans lumineuses prises de conscience pour moi, je ne demande qu'à croire à l'Éveil, cependant certains termes me laissent perplexe. Vous dites que l'Éveil, c'est *l'expérience* de la vacuité. Et cette vacuité, vous avez dit aussi que c'était la sagesse. Or cette sagesse, cette conception de la vacuité, on l'a déjà acceptée, comprise au long de la route. D'où vient l'ultime clairvoyance de l'Éveil ? »

C'est qu'il y a une grande différence entre le fait d'admettre et de comprendre – vaguement, par instants – la vacuité, et le fait de la vivre totalement sans jamais plus vaciller. Le Dalaï-Lama insiste sur ce point : « Sans cette expérience directe, la vacuité se limite à une compréhension intellectuelle, à un concept. »

Dans l'Éveil au contraire, vous « vivez » comme une évidence la fin des apparences et du Moi, vous vous trouvez dans l'ultime réalité des choses. Et ne me demandez pas d'en dire plus, chère Huguette ! Comment pourrais-je en parler davantage puisque je n'ai pas connu cet état ? D'ailleurs, si j'ai employé l'adjectif « ineffable » pour qualifier le bonheur qui s'ensuit, c'est qu'il est inexprimable, même par ceux qui l'ont expérimenté. Le Dalaï-Lama le confirme : « Pour les pratiquants qui ont directement fait l'expérience de la vacuité, la Vérité est inexplicable, au-delà du langage, au-delà des mots. » Normal, c'est sans doute tellement différent de ce que nous pouvons concevoir ! On se retrouve alors dans l'essence des choses, libéré du désir, de la peur, de la haine, de tout champ émotionnel, et aussi des idées préconçues que nous nous faisions du bonheur-selon-nous, puisqu'il n'y a plus de Nous, plus de Moi.

« Et comment pourrais-je exulter si je ne suis plus Moi ? » ironise Huguette.

Eh oui... C'est décidément toujours là que le bât blesse. Encore l'ego... En fait, dans l'Éveil, nous n'existons plus tels que nous avons cru être, mais notre nature pure, notre nature de bouddha demeure, et elle n'a nul besoin d'identité pour se trouver « divinement bien » dans l'égalité spirituelle de tous les êtres et dans l'ultime réalité de l'univers. Le Moi n'est pas nécessaire au bonheur ! Une mélomane venue en retraite à Chökhor Ling m'a tenu des propos intéressants à ce sujet.

« Je peux parfois imaginer la situation transcendantale de l'Éveillé dans certaines réactions à l'art, m'a-t-elle dit. Surtout en ce qui concerne la musique, qui s'adresse plus à l'âme qu'à l'intellect, sans doute parce qu'on n'y est pas arrêté par des lignes, des formes, des couleurs ou des mots. Or, dans les moments de quasi-extase où vous transportent certaines envolées musicales, vous ne vous dites pas : "Je suis heureux", vous ne savez plus qui vous êtes, où vous êtes, vous ne pensez pas davantage au premier violon, ni au compositeur, ni aux centaines de personnes qui vous entourent et vous n'êtes même plus dans l'émotion : vous êtes dans un "état", merveilleux, indicible. Peut-être le bonheur de l'Éveil est-il de cet ordre... »

Il est sans doute beaucoup plus encore, et certainement moins encombré. Mais ce qui est sûr, c'est que le bonheur de l'Éveil n'est pas une idée, une sensation ni même une émotion. Cela peut commencer effectivement par un « état », de tranquillité absolue, de libération sans frontières, de bonheur stable sans les vagues épuisantes de l'émotionnel : on ne saurait être perpétuellement ému, c'est trop déstabilisant. En revanche, dans ce premier état d'Éveil, on peut être « infiniment heureux ». Appréciez ce que nous en dit Shabkar, le poète vagabond du Tibet[1] :

Pacifié et détendu dans cet état de liberté,
J'atteins l'immensité de la dimension absolue,
Inconditionné, au-delà des concepts.
[…]
Lorsque je demeure en cet état,
Ciel immense et limpide,
Je connais une félicité au-delà du mot,
De la pensée ou de l'expression.

Et il conclut :

[…]
La compassion envers les êtres,
Mes mères d'antan, fuse du tréfonds de moi ;
Ce ne sont pas vains mots :
Désormais, je me consacrerai au bien d'autrui.

1. Shabkar, *op. cit.*, tome 2.

« Désormais, je me consacrerai au bien d'autrui. » Tel est le destin de celui qui a choisi non pas la « réalisation solitaire » qui s'en tient au bonheur du premier Éveil, mais la bouddhéité. Le *Bodhisattva*, ayant développé l'incommensurable compassion chère au Dalaï-Lama, va voir sa nature pure – elle qui reste intacte – prendre corps à nouveau pour soulager les peines des vivants et les guider sur leur route semée d'écueils.

Et pourquoi, à partir des démarches individuelles, ne pas espérer parvenir un jour au bonheur de tous ? Au-delà de la libération personnelle, le Dalaï-Lama rêve d'un « nirvana social », d'une société où l'on réussirait à vaincre les émotions négatives telles que la haine, la colère, la jalousie, le désir de conquête ou d'hégémonie arbitraire. Est-ce une utopie ? Nul ne saurait le dire. Pourtant, depuis la nuit du monde, les êtres humains espèrent cette éclaircie. Un âge d'or où régneraient l'égalité, l'amour et la compassion.

Exactement ce que prône le Bouddha, quand il nous invite tous à atteindre la bouddhéité qui est en nous.

Ce n'est pas un ordre, c'est juste une proposition : « Mettez en pratique, essayez ! »

Bien sûr, cela nous paraît au-dessus de nos forces, parfois problématique, voire irréalisable.

Et si nous tentions l'impossible ?

Dédicace extraite du chapitre X du *Bodhicaryavatara* de Shantideva

Le texte extrait de *Bodhicaryavatara* (*La Marche vers l'Éveil*) de Shantideva, est récité en dédicace à la fin de chaque pratique spirituelle en témoignage d'une motivation purement altruiste

Dans toutes les directions, puissent tous les êtres
Qui souffrent dans leur corps et leur esprit
Obtenir des océans de joie et de bonheur
Par les mérites que j'ai ainsi créés.
Qu'aucun être ne souffre,
Ne commette de négativité ou ne tombe malade
Que personne ne soit sous l'emprise de peurs ou déprécié
L'esprit accablé par la dépression.

Que les aveugles voient les formes,
Que les sourds entendent le son,
Que ceux dont le corps est usé par de pénibles labeurs
Se rétablissent en trouvant le repos.

Que ceux qui sont nus soient vêtus
Et ceux qui ont faim soient nourris ;
Que les assoiffés puissent trouver
De l'eau pure et de délicieuses boissons.
Que les indigents trouvent des richesses
Et ceux prostrés par le chagrin retrouvent la joie ;
Que les désespérés retrouvent l'espoir,
La stabilité et une prospérité parfaite.

Par la grâce des dieux, puisse la pluie tomber
Au moment opportun, puisse la récolte être abondante ;
Que tous les médicaments soient puissants,
Et que les prières vertueuses portent leurs fruits.
Que tous les malades, autant qu'ils soient,
Soient rapidement libérés de leur mal,
Et que les êtres ne connaissent
Plus aucune maladie.

Que les craintifs soient tous sans peur,
Que les enchaînés soient libérés ;
Que les faibles retrouvent la force,
Puissent tous les êtres se prendre en amitié.

Tant que durera l'espace,
Tant qu'il y aura des êtres,
Puissé-je moi aussi demeurer
Pour éliminer la souffrance du monde.

Remerciements et gratitude

Aux maîtres de compassion et de sagesse
qui m'ont ouvert le chemin,
montré les moyens de le parcourir,
aidée et soutenue, sans la bénédiction desquels
je n'aurais pas pu avancer.

- Sa Sainteté le Dalaï-Lama : pour une rencontre inoubliable et déterminante.
- Lama Thoubten Yéshé : pour son inspiration sans cesse insufflée.
- Lama Kyabjé Zopa Rinpoché : pour la permission accordée à mon premier engagement monastique.
- Son Éminence Kyabjé Gosok Rinpoché : pour m'avoir conféré le deuxième niveau d'ordination au Tibet.
- Vénérable Geshé Jamphel : pour avoir été mon premier kempo (abbé instructeur) et m'avoir conféré le premier niveau d'ordination à Paris.
- Vénérable Geshé Ngodup : pour m'avoir accordé le refuge, porte d'entrée dans le bouddhisme.

- Vénérable Elisabeth Drukier : pour m'avoir soutenue et aidée à prendre mes premiers engagements monastiques.
- Vénérable Maître Thich Tri Thuyên : pour m'avoir conféré l'ordination de Bhikshuni à la pagode de Bonneville.

Et aujourd'hui :

- Son Éminence Thamthog Rinpoché : pour sa vénérable présence, ses précieux conseils et sa compassion sans limites.
- Vénérable Geshé Thupten Khédroup : pour le chemin que nous faisons ensemble dans le seul but d'utiliser nos ressources pour le bien de tous, en particulier des enfants défavorisés, et pour la générosité de son soutien omniprésent.
- Vénérable Ni Su Dam Hai : pour la qualité de pureté de sa démarche, son accueil au sein de la communauté vietnamienne, et la permission de l'ordination supérieure.
- Vénérable Gelek Chödzom : pour son aide incommensurable et ses qualités de pure authenticité.
- Droupen Lama Drupgyu, maître de retraite, pour sa guidance sur le chemin de longue retraite vers l'accomplissement, tant dans la vie active qu'au cours de périodes d'isolement.

Également :

- Merci à ma mère qui a été mon premier guide spirituel.
- Merci à tous ceux qui m'ont transmis la parole du Bouddha.
- Merci à tous mes amis du Dharma.
- Merci à Huguette Maure, sans la présence bienveillante et lumineuse de laquelle ce livre n'aurait pu voir le jour. Son écoute attentive et son talent l'ont permis.

Conseils de lecture

Pour les débutants

CHÖDRÖN *Pema, Entrer en amitié avec soi-même*, La Table Ronde, Paris, 1997 ; Pocket, Paris, 2000.

DALAÏ-LAMA, *Comment pratiquer le bouddhisme*, Plon, Paris, 2002 ; Pocket, Paris, 2003.

Le Sens de la vie : d'où venons-nous ? Comment vivre notre vie ? Les réponses du bouddhisme, J'ai lu, Paris, 2008.

Les Étapes de la méditation, Guy Trédaniel, Paris, 2001.

LANDAW JONATHAN, Bodian Stephan, *Le Bouddhisme pour les nuls*, Éditions First, Paris, 2005.

LOBSANG GYATSO, *Les Quatre Nobles Vérités*, Véga, Paris, 2007.

MCDONALD KATHLEEN, *Comment méditer*, Éditions Vajra Yogini, Marzens, 1999.

RICARD MATTHIEU, *Plaidoyer pour le bonheur*, Nil Éditions, Paris, 2003 ; Pocket, Paris, 2004.

THOUBTEN YÉSHÉ, *Devenir son propre thérapeute*, Éditions Vajra Yogini, Marzens, 1999.

Ego, attachement et libération. Cinq jours de méditation pour reconnaître notre propre nature, Éditions Vajra Yogini, Marzens, 2009.

THOUBTEN ZOPA RINPOCHE, *Transformer ses problèmes*, Éditions Vajra Yogini, Marzens, 1999.

TULKU THONDUP, *L'Infini Pouvoir de guérison de l'esprit selon le bouddhisme tibétain*, Le Courrier du livre, Paris, 2001.

Pour les plus avancés

DALAÏ-LAMA, SHENG-YEN, *Au cœur de l'Éveil. Dialogue sur les bouddhismes tibétain et chinois*, Jean-Claude Lattès, Paris, 2005.

KONTRUL DJAMGŒUN, *Le Livre des pratiques préliminaires. Le flambeau de la certitude*, Marpa, La Boulaye, 1999.

MILAREPA, *Les Cent Mille Chants de ma vie*, Fayard, Paris, 3 tomes, 1986, 1989, 1993.

RICARD MATTHIEU, *L'Art de la méditation*, Nil Éditions, Paris, 2008.

SHABKAR, *Autobiographie d'un yogi tibétain*, traduction du tibétain de Matthieu Ricard et Carisse Busquet, Albin Michel, Paris, 2 tomes, 1998-1999.

SHANTIDEVA, *Bodhicaryavatara. La Marche vers l'Éveil*, Padmakara, Saint-Léon-sur-Vézère, 2008.

ZANGPO NGAWANG, *Les Chants de l'immortalité*, Claire Lumière, Saint-Cannat, 2003.

Dédicace

Puisse l'esprit d'Éveil, précieux et suprême
Naître là où il n'est pas né
Ne pas dégénérer là où il est déjà apparu
Mais s'accroître de plus en plus.

Table des matières

II.
LA NOBLE VÉRITÉ DES ORIGINES DE LA SOUFFRANCE

Composition et mise en pages
Nord Compo à Villeneuve-d'Ascq

PAPIER À BASE DE FIBRES CERTIFIÉES

MARABOUT
s'engage pour l'environnement
en réduisant l'empreinte carbone
de ses livres.
Celle de cet exempaire est de :
1,1 kg éq. CO_2
Rendez-vous sur
www.marabout-durable.fr

Achevé d'imprimer en Italie par
La Tipografica Varese Srl en février 2020
Pour le compte des Éditions Marabout (Hachette Livre)
58, rue Jean Bleuzen, 92178 Vanves Cedex
Dépôt légal : février 2020
ISBN : 978-2-501-14722-4
28/2077/6 – Ed. 01

III. LA NOBLE VÉRITÉ DE LA CESSATION DE LA SOUFFRANCE

IV.
LA NOBLE VÉRITÉ DE LA VOIE